LAW & BUSINESS
法商图书

律师之门

青年律师进阶指引

汪伦/著

法律出版社
LAW PRESS · CHINA

■ 序

为什么写这本书

忙中偷闲，笔者将执业以来，有关律师职业的所思所想，汇集成这本书稿。决定动手做这件事，主要有以下三点想法。

一是要对自己18年来，执业的点滴思考作中间小结。2001年我从检察机关离职，进入律师行业，至今已逾18年。18年是人生一段漫长的时光，一个少年成长至18岁，已为法定的成年人；一份职业从事了18年，已经到了成熟期。既然到了成熟期，不论收获的大小，对这份职业都会有所体验，把这当中自以为有价值的部分，整理一番，于自己算是小结，也算是个交代。

我常把职业生涯，比作马拉松长跑，于自己而言，半程马拉松已结束，下半程也已开始。上半程表现如何，当然很重要，但已无关宏旨，关键还在于下半程，如何才能跑得从容。如此说来，对上半程的成败得失，作出总结梳理，汇集经验与教训，就显得十分必要。

回顾我的职业之路，道路并不平坦，庆幸尚未走过太多弯路；虽是小步慢走，好在没有栽过大跟头；虽没有取得过大成绩，可时而也会有小惊喜。职业之路，既然是一生的长跑，不怕慢、就怕站，只要坚持到底，相信顺利完赛，应该不是问题。这些结论性的意见，口说无凭，以前写的文字，可以作为证据。

二是要将多年执业的一点经验，告诉律师界新人，希望对年轻人有所裨益。因为法学院里，可能没有专门课程，告诉年轻人如何从事律师职业，成为什么样的律师。我试图通过自己的经历，告诉后来者，在纷繁芜杂的法律界，你本可以通过持续的努力，自律且自由地活着，而且活得还算体面。

旅美作家王鼎钧先生在"作文四书"中说："我是赤着脚走路的那种人，路上没有红毯，只有荆棘。中年以后整理自己的生活经验，产生了一个疑问，当年走在路上，前面明明是荆棘，为什么走在前面的人不告诉我呢？前面有陷阱，为什么没有人做标记呢？前面有甘泉，为什么去喝水的人不邀我同行呢？经过一番研究，我知道一般人在这方面是很吝啬的。于是我又衍生出一个想法：我一边赤脚行走，一边把什么地方有荆棘、什么地方有甘泉写下来，放在路边让后面走过来的人拾去看看。"

读王先生的此论，我生出许多感慨，其实律师界的情况，大致也是如此。传统的师傅带徒弟，还是培养人才的主流模式，事务所或律师协会的培训课，水平参差不齐。甚至许多地方，对新人的培训，做得还远远不够。我虽人微言轻，但觉得可以为此做点滴的努力。假如律师业的后来者，觉得我的这份努力，让他们看到了路上的一汪甘泉，给他们补充了一点行动的能量，则功莫大焉。我岂敢好为人师？只是人到中年，应该做点力所能及的事。我从不掩饰对青年人的期许，律师业要更上一层楼，必须不断输入更多新鲜的血液，他们才是业界的未来。我若能成为铺路者，则善莫大焉。

三是要将自己的所思所想汇集成书，可以帮助提高对执业方法论的认识，也期望能引起更多同道的关注，共同完善律师的执业方法。过河总要解决船与桥的问题。为此，我陆续思考多年，且写下了自己的认识，未做整理工作之前，这些资料散乱在文件夹里，不成系统，也不易被识别。经编辑老师指导，用主题将资料整合，分成职业思维、执业方法和专业化三个部分，彼此独立，又互有联系，基本上将认识完整呈现出来。

文稿的不足之处，在于我的许多认识，多系一家之言，是否具有普适性，还有待读者的批评、讨论与赐教；值得肯定的是，思考多出于有感而发，态度还算诚实。正因如此，此次努力，为认识进一步的完善提供了可能。

汪　伦

2020 年 2 月

目 录

执业思维 第一部分

执业方法

第二部分

（一）开卷有益

（二）写作训练

（三）业务开拓

专业化 第三部分

第一部分

执业思维

01 办案的思维

每个职业都会有带着自身特点的思维方法，思维方式与职业的关系很大。美国有部电影，名为《力争上游》，电影中金斯菲尔德教授在给法学院的新生上课前，先来个下马威："你们带着满脑子的糨糊来到这里，而我们的任务，就是让你们像个律师（lawyer）一样地思考！"

像律师一样思考，是一种很时髦的说辞，但律师思维的特点有哪些呢？这又成为必须思考的问题。在我看来，律师思维的特点，主要体现在以下三个方面。

首先，专业性。

专业性，就是指律师是受过法律专业的训练，花了 4 年、7 年甚至更长的时间，进行系统的法律学习，然后通过法律职业资格考试，再经过 1 年的实习，拿到执业证书，随后才能为社会提供法律服务的一群人。律师是一群专业的法律人，思考时应采用法律思维，也即利用法律的规定、理论，法律的逻辑，来处理实务问题。

专业性的一方面，在于律师执业采用的法言法语，可以反映律师思维的特点。比如，我们会用原告、被告、诉讼请求、标的物、权利义务等专有名词来进行语言文字表达。《物权法》出台前，业界曾有过争议，要不要将这部法律名称改为《财产法》，因为对普通大众而言，物权是个很生僻的概念。我曾经在一篇戏文中，以一个村妇的口吻质问："啥个物权法？咋不是人权法呢？"由此可见，专业性思维体现在法言法语当中，造成法律人相对独特的思维方式。

专业性的另一方面，由于执业方向的不同选择，律师的思维又会体现出各自的专业特色。比如，从事民商事诉讼与刑事诉讼的律师，思维定然会有所不同，从事诉讼与非诉讼业务的律师，思维与方法也不尽相同。民商事诉讼与非诉讼中，律师思维主要指依据商事实体法与程序法，争取为客户谋求利益的最大化。

总之，专业性要求律师应当是一份有学问的职业。这当中的"有学问"不只是自夸，而应当有自我鞭策之义。如果律师失去专业性，也就不成为真正的律师。此外，法律服务的专业性特征，现在怎么强调都不为过，靠专业吃饭，不论是在当下，还是未来，律师都可以立于不败之地。

其次，逻辑性。

逻辑对律师而言，特别重要，因为律师要论证、要说理。关于逻辑力量，有个有力的例证，就是有关上帝万能命题的真伪，即要论证"上帝能否制造出一块他举不起来的石头"？这个问题的逻辑推理是：如果上帝万能，就一定能制造出，他能够举起来的石头；如果上帝万能，就一定能制造出，他不能够举起来的石头。上帝既能制造出他能举起来的石头，又能制造出他不能举起来的石头，岂有此理？故上帝不可能是万能的。这当中的推理，采用的就是演绎推理，很具说服力。

律师的技能，很大部分体现在论证能力上。能不能说服法官，乃至于陪审团以及当事人，论证能力是关健，而论证的利器，即在于采用逻辑的方法。对于此论，读者都应当不会陌生，法学院的课程中就包括形式逻辑。

有一本《逻辑的力量》，可以找来一读。

最后，创造性。

创造性是律师思维中最有价值的部分，也是体现律师职业价值的核心。商品房买卖中“按揭”（俗称卖楼花）制度，就是律师创造出来的。客观上许多法律法规的制定，都离不开律师的创造，都有律师的影子。普通法中所言法官造法，事实上也是律师推动的。没有律师的诉讼，法官不会形成新的判例，也不可能成就法官造法。

小而言之，律师为商业活动设置的交易结构、起草的法律文件，乃至办案时从一页材料，收集整理一堆案卷材料，甚至对材料的装帧等，都属于律师的创造性活动，都体现出律师的创造性思维。民商事法律服务，律师为客户创造价值，进而服务于社会，为社会增添福祉，也体现出律师职业创造性的特质。

围绕上述三个方面内容，我将在后面的文稿中，分篇逐一予以展开，以便更深入地阐述律师职业思维的特点。

02 态度与方法

胡适将其对实验主义方法论的理解，归纳为“大胆假设，小心求证”。假设与求证，是方法论中两个重要的步骤，而大胆与小心，却是处理问题的态度。先生有意将两者放在一起，以强调两者之间的结合。读此论，真有豁然开朗之感。

态度当然十分重要。态度应摆在方法之上来议，因为什么样的态度，决定了采用什么样的方法，怎样运用方法。就律师职业来论，每一件诉讼案件，都存在诉讼方案的选择。就某些个案来说，方案选择上务必大胆，但求证务必小心，我称之为“如履薄冰，如临深渊”。案件可能因一得而决胜千里，也可能因一失而一败涂地。一旦方案有误，求证不足，后果不堪设想。

胆大心细，乃法律工作者的重要态度。以个人经验而言，大胆与小心之间，还应以小心为上。小心驶得万年船。小心翼翼、谨言慎行，都是法律人必要的工作态度。在具体工作中，小心谨慎，是在逼迫自己养成“不苟且”的习惯。我多年的习惯是，文书至少要改三遍，重要文件几易其稿，乃家常便饭。代理原告的案件，未经小心论证，绝不贸然出手，故执业多年，失手案件屈指可数。且值得一提的是，我也从未有过因工作不力，而被客户愤而投诉的情况。之所以要在此特别说明，实际上是想说，这一点的工作成绩，于我无他，态度使然。

但工作不够大胆，于法律职业也不行。律师执业年限越长，遇到的难题就越多。遇上难题，没有胆量，是无法完成的。很多疑难杂症，如何解决，往往就是一个方案的选择。选择错了，则会前功尽弃；脉把准了，也就可能手到病除。这一点就像心脏病手术，风险最大，动刀子的又多是名医，但病人却多死在手术台上。这是没有办法的事，你不能只盯着失败案例，还应当多看到成功个案。

为保护职业声誉，许多律师选择做风险较小的案件。我倒是觉得，艺高才会胆大。如果有足够的自信，有恰当的机会，就应当选择大案、要案、难案，来挑战自己。胆子要大，但不能只有愚勇，必须要有专业保障，必须以小心为要。

有了正确的态度，执业中取得一点成绩，定然是早晚的事。方法论中的假设与求证，多是专业技术活。态度对了，技术活相对好办。因为假如你的专业不行，身边应当还有人行，虚心求教便好。再说，态度对了，不仅影响你怎样运用方法，甚至决定你采用什么样的方法。你一定会想出办法，把专业的问题解决好。

专业上的精进，我虽无所建树，但亦有一点心得。也即，除了厚积薄发的笨办法之外，似乎别无他途。曾国藩说的“扎硬寨、打呆仗”，可以借来一用。律师须持之以老实的态度，勤、谨、和、缓，一步一个脚印，长年累月，坚持不懈，以图实现专业突破。

萧公权先生在《问学谏往录》中说，为了保证“大胆假设，小心求证”的效果，须在前面加上“放眼读书”。就本人之见，求证的过程，当然须得“放眼读书”，否则无法保证所得结论的正确性。萧先生的意见，正是在提醒我等律师，如不去读书，所谓的态度与方法，都不靠谱。

03 积极的思维方式

稻盛和夫所著《活法》，用一则方程式：“人生（工作的结果）= 思维方式 × 热情 × 能力”，给出做人做事的正确准则。人生问题，诚如胡适先生言，得意之人听着就要扫兴，失意之人想着就要发疯。但问题如此重要，容不得不思量一番。

何为思维方式？在稻盛先生看来，它是指人的心态，人对于人生的态度，包括人生的哲学、理念与思想等，我言之为人的价值观。为什么思维方式（价值观）最重要？因为它有正负之分，它可以低于零分，可以从负 100 分到正 100 分打分。如果一个人能力强、热情高，但思维方式的方向错误，是负值，人生就可能出现麻烦。比如能力为 100 分之人，热情也 100 分，但思维方式却是负 100 分，此人定将大害于社会。

稻盛先生以身说法，言其大学毕业时，正值就业困难期，又没有门路，多次就职考试他都未被录用，竟然产生当“知识型黑社会成员”的念头。所幸这只是一时之念，否则真不敢想象，稻盛会有怎么样的人生。他能力之强、热情之高，要是成为黑社会头头，祸害起社会，那还了得？！

那么，什么是正确的思维方式呢？稻盛给的答案，并不高大上，只不过是一些常识性的伦理价值观，诸如：总是积极向上；有建设性；有感恩心；有协调性、善于与人共事；性格开朗、对事物持肯定态度；充满善意、有同情心、关爱心；勤奋；知足；不自私、不贪欲；等等。

以上种种的思维方式，看似十分简单，也算老生常谈，但真正能融入一个人的血液，成为个人的价值观，于我们这些等闲之辈而言，实在确非易事。其中“总是积极向上”的思维，于稻盛看来最为重要，笔者也深以为然。笔者年轻时，对生活与工作，也显得较为消极，总觉得凡事都不尽如人意，大有怀才不遇之感。现在看来，不过是自我感觉良好，庸人自扰罢了。人到中年后，才慢慢懂得，“与其诅咒黑暗，不如点燃光明”。抱怨生活的不如意，生活只会更糟糕，我从未见过抱怨者，生活还会变得更好些。活得更积极一些，乐观一些，于己于人，都不是坏事。

这世界多的是生活上消极之人，眼中盯着的，多是社会的阴暗面，见到这个也不爽，那个也不快，言之愤世嫉俗，并不为过。值得一提的是，身边的年轻人当中，也时有见之。可留心观察，他们要不生活很糟糕，就是工作不如意。某次，有同行向我坦言，说他搞不懂这个社会，也不愿意与人多交往，大有向往世外桃源之意，可他竟然选择最世俗的律师职业。持这种思维方式的人，前景堪忧矣。

胡适先生曾被称为“不可救药的乐观者”（the incurable optimist）。他在《人生有何意义》中说，生命本身不过是一件生物学的事实，有什么意义可说？生一个人与一只猫，一只狗，有什么分别？人生的意义，不在于何以有生，而在于自己怎样生活。……你若发奋振作起来，决心去寻求生命的意义，去创造自己的生命的意义，那么，生命无穷，生命的意义也无穷了！先生又说，如果人生固然不过一梦，但一生只有这一场做梦的机会，岂可不努力做一个轰轰烈烈像个样子的梦？！

笔者以上所言，并不是在鼓动各位都要成为稻盛和夫、胡适之类的大才，而是在于言明，积极生活，积极的思维方式，于个人而言，着实是件要紧之事。积极、乐观的心态，虽然世俗，但很有可能会脱俗，而消积、悲观的心态，除非成为叔本华与尼采，否则人生一点戏都没有。

04 培养法律服务的三种能力

提高法律服务质量，乃是律师安身立命之根本。但如何为之？坊间多秘不示人，即使时有所见，意见也多有不同。忙于生计之余，我就此也有以下几点思考。

一、专业知识

专业能力，其实是法律服务的基础。现在都在强调专业化，所谓专业化，就我所见，业务取舍是其中重要的一面。窄门往往才是正道。律师不能什么法律业务都做，什么活都接。年轻的律师要生存，有案都得接，但总得有个方向，逐渐聚焦。

专业能力的培养，最好的办法是精耕细作，采用问题驱动式的递进方法。遇到个小问题，先掘地三尺，然后以点带面、以小见大。举例来说，以民事案由为出发点，将某一类别的案件，涉及的每个小问题整理出来，时间久了，专业上就会精深。

详言之，如建设工程施工合同，可以合同效力、工期、质量、结算、工程价款优先受偿权等，逐一分别研究。然后，再行归纳。动手研究前，一定要有具体的问题，带着问题去找答案，才会乐此不疲。手上没有问题，可以结合正在承办的案件，主动寻找；也可以找同事，进行案例讨论，形成头脑风暴，在切磋交流中发现问题；若同事也不能帮你，还可向书本求教。

总之，专业化需要律师成为业务高手，否则不可能做到专业。基础不牢，地动山摇，专业知识与能力必须摆在首位。

二、技术能力

在前十年的法律工作中，我也属于浑水摸鱼型，以为只要有专业知识保证，服务质量就有保证。现在看来，此论确有偏差。法律工作得讲究技术，技术不只是锦上添花，实际上与专业知识同样重要。

比如规范化、标准化的技术。文书制作一定要有规矩，事务所 IC 文化用品要统一，这都是技术细节。为什么要求规范化、标准化呢？因为统一会产生风格，风格会导致差异化，差异化才会产生创新。我对文书制作要求一直较高，重要文件定稿前，总先要助理校对，校对后自己再过一遍，然后才敢拿出去。当然，对字体、字号、行间距、文本的装订，也不能含糊，这些都是技术的应有之义。

技术要素中，有一点必须提及，就是资料尽量做到简洁。简洁是智慧的灵魂。凡事都应该尽可能简单，而不该人为地复杂化。律师不深思熟虑，复杂的问题，不可能直指核心、抓住关键，也就不能做到简洁。推荐一本书，《简单的力量》，很有见地。

这里顺便提及“诉讼可视化”技术，此术语在法律圈有点过热，其实也并不是什么“高大上”，无外乎在法律服务中，用图表法将案件事实与争议作出整理，让人一目了然。可视化，在管理学中称为“一图明一事”。此类技术可以尝试多用，可以将图表作为文书的补充，但不能喧宾夺主。

没有专业保障，再美的图表也是白搭，本末倒置，只会自食苦果。

另外，在技术层面，必须强调服务“有形化”，时髦的说法，是法律产品化。这一点实在太重要，因为很多法律服务，当事人咨询个问题，律师口头回复一下，就可以完事。但要让服务上升一个层面，最好以书面形式回复，现在电子邮件已普及，发个邮件就可以做到有形化。年终总结时，不仅要报上提供了哪些服务，还要附上清单，同时将材料打印出来，装订成册，送一份给客户备案。如此而行，一定就会与众不同。每一年度，我都会将顾问服务的工作内容，打印装帧成册，送客户一份，客户的体验反馈非常不错。

三、逻辑思考的能力

清晰的思考与表达，是律师一生的功课。但凡词不达意者，要么专业知识短缺，要么思维混乱。要能在较短时间内，清楚地说明问题、表达出明确意见，就必须培养逻辑思考的能力。

在此先简单介绍《金字塔原理》一书，此书介绍了一种能清晰展现思路的有效方法。此方法在法律文书写作、法庭辩论、商业谈判中，都有着非同一般的价值。金字塔原理，其要点即在于结论先行、以上统下、归类分组、逻辑递进。我现在写代理词等法律文书，全部采用这种方法，效果应该说非常好。采用此方法，可以化繁为简，再复杂的问题，也可以被分解，从而变得明晰。有关这种方法，我还将在下文中另作详解，在此不予展开。另有逻辑树方法与思维导图，与此有异曲同工之妙。

既然逻辑思考如此重要，如何培养这种能力，当是重中之重的问题。就我的体会是，最好的方法，无外乎培养对问题多问几个“为什么”。麦肯锡公司的要求是，对一个问题要问五个“为什么”。在我看来，一般的问题，问三次“为什么”已足够。培养深入思考问题的好习惯，多使用这种方法，一定会受益终生。

法律服务对律师能力，是全方位的要求，最好十八般武艺、样样精通，但先练好“三板斧”，大有裨益。以上所见，限于我的学识，不过是一家之言。些许经验之谈，希望有益于朋辈。

05 律师实务需要解决的三个问题

律师实务问题，一言难尽。如果只捡三个问题来谈，必须提及专业、口碑、客户。简言之，就是要选好专业，深耕细作，诚信服务，形成口碑，解决客户从哪里来的难题。

一、必须强调专业

这里所谈的专业，主旨在于律师最好有法学专业背景，如果没有，就必须下得真功夫，完成专业知识的储备。知识储备的要求，要远甚于资格考试的标准。资格考试只是敲门砖，律师之门打开以后，还得继续学习。掌握专业知识，最要紧的是先厘清专业概念，然后形成知识体系。概念如同人的骨骼，骨骼长歪了，人就成了残疾；形成知识体系，就不会一叶障目不见山。

谈专业，必须谈专业定位。所谓定位，就是专业选择，要在他人心智中形成差异化。律师最好不要四面出击，而是要选择自己热爱的领域，深耕细作。当然，有人可以说，我就是要多选几个专业，做到多领域的业界专家。没办法，那是天赋异禀之人，没有办法与他们比较。普通人最好记住：“窄门才是正道。”在专业问题上，最好不要打肿脸充胖子，否则早晚会出洋相。

确定好专业定位，剩下的就是坚持。说难听点，就是熬，就是像“二楞子”，不达目的，绝不罢休。多年媳妇熬成婆，不是没有道理的。当然，有人 40 岁就做奶奶，有人到老还抱不上孙子，造化弄人，历来如此。但事物都有其规律。大多数人在大多数的情况下，只要坚持下来，多会修出正果。专业水平的提升，没有更好的办法，最好路径是厚积薄发。

有了专业能力，还必须产生影响力。影响力体现律师综合素质，光有专业水平还不行，否则法学院里的教授，应该就是最好的律师了。此处谈的影响力，有两重意思：一是专业造诣须达到产生影响力的水准，否则不能称之为专业，如提到某一业务，圈子里最先想到你，这种水平才能算数；二是专业能力必须已经产生影响力，如果还没有，要么水平还不达标，要么专业营销没有做好，吾辈还须继续努力。

二、口碑是最好的营销

前面所谈专业影响力，只限于专业能力的范畴，其实谈律师影响力，还可以提升到更高的层面来议，如治国、平天下之类，对此不作专论，我们只谈普通律师的影响力，或者说围绕专业问题形成的业界口碑。

有专业能力，若要形成专业口碑，律师必须做到诚信为人，获求客户的信任。民事活动应遵守诚信原则，诚信被法律人视为“帝王原则”。曾子曰“三省吾身”，有两样关乎诚信：“为人谋不忠乎？与朋友交不信乎？”有的律师专业能力强，但口碑却不敢恭维，问题就出在“为人谋而不忠”。诚信关系到人的品格，属于个人价值观的范畴，重要性不言而喻。

决心做一个好人，对普通人而言，非常困难，对律师当然亦如此，但法律人应当有底线意识，最起码不能做坏人，应以“不作恶”为底线。有了底线意识，律师才可能与人为善，才可能以良好的专业为基础，取得他人的信任，逐渐形成口碑。

口碑是专业人士最好的广告，可产生病毒式营销效果，是律师一手好牌中的“王炸”。律师如有底线意识，再做到讲诚信、守信用，业绩一般不会太差。另外，如果律师有业绩，最好把业绩拿出来，作为口碑营销的加速器。建议在做好业务的基础上，律师还是要做个好人，诚实有信，但万不可做老好人，口碑早晚会形成，下面谈的客户问题，也就迎刃而解。

三、客户渠道的“吸引力法则”

前面谈专业化、谈口碑为王，要解决的就是客户渠道问题。律师必须把“客户从哪里来”问题解决好，否则“皮之不存，毛将焉附”？没有客户，都是纸上谈兵。

如果律师足够专业、诚信，就不怕没有客户。客观上，客户多是吸引来的，而不是上门去求来的。求来的多不是客户，多数也不会长久。如果律师做好专业，形成口碑，客户自会主动上门。对法律服务的消费者而言，客户不是上帝，客户多是来找上帝。可律师也不能骄傲，上帝也要为子民服务，再好的客户，也要用心服务。如何服务？必须为客户创造价值，互惠互利。

为客户创造价值，反过来说，就是律师要不断输出价值。如果律师没有价值，如何为客户创造价值？联系到前面所谈的问题，律师必须专业与诚信，在给客户创造价值的同时，为行业、为自身创造价值。律师与客户之间，形成的是社会学上的“共生”关系。

在此必须强调，法律服务不是一门生意，律师一定不要沦为他人服务的工具。法律人必须坚持专业独立性，必须秉承正确的价值观，不能为利益失去自我。客观而论，将客户的利益置于首位，与律师恪守职业操守，可以并不相悖。

永远不能忘记，专业、诚信造就的良好声誉，是律师最宝贵的盈利资产。

06 法律服务的“主人翁精神”

华滨律师的《跨越》，谈律师执业的思维、方法等，读后收获颇多，在此一并予以推荐。

该书言及国际顶级律师事务所的律师执业思维，称之为主人翁精神（ownership）。也即，律师对负责的法律事项，都要视之为完美的艺术品。在制作过程中，要倾尽智慧和时间，以主人翁的心态，来完成这件艺术品。

该书序言中论及，在美国律师事务所中，“主人翁精神”之所以重要，是因为律师们极其注重个人的声誉。美国大型律师事务所里的淘汰机制，不是“按时保质保量”，而是“按时超质超量”，前者保证律师平庸，后者才使得律师卓越。

这就不难理解，为什么在国际大型律师事务所，律师工作时间大都严格执行 1600~2100 小时 / 年的规定，可律师实际工作的时间，要超过 1800~2300 小时 / 年，平均 10~11 小时 / 工作日算是常态。相形之下，包括本人在内的诸多我国本土律师，只能自惭形秽。公允而论，律师也只有如此卖命地工作，穷尽时间与智慧，才可能保证完成的作品，能够成为“艺术品”。

另外，就我所见，律师的“主人翁精神”，真正体现出逆向思维（换位思考）的价值。如果设想客户就是律师本人，会如何处理手上的事务呢？多这样想，才可能保证会产生“主人翁精神”。对律师与法官的执业精神，卡多佐大法官曾有过如此精妙之论：“他是一个真正的演员，不论扮演的是王子还是农民，他都同样重视。”

此外，就律师职业的特征来论，“主人翁精神”也是律师职业独立性的体现。律师作为当事人的代理人，为其利益而战，但律师独立从事法律事务，已超越其他事务代理的特征。在刑事辩护中，律师的独立性体现得更为充分，这也是律师对其庭审发言，享有豁免权的法理依据。

行文至此，对律师“主人翁精神”的具体体现，得有所交代。引用华滨律师之言，主要在于：

（1）穷尽智慧和时间完成工作；

（2）不依赖他人，独立完成法律研究；

（3）积极主动；

（4）对工作成果承担全责。

其实，如果律师能保证做到第（1）条，穷尽心力去完成手上的工作，大体上也已足够。勤奋地工作，对于保证法律服务的质量，不但是前提，也是基础。

客观而论，不只是针对法律服务业，对于大多数行业、大部分人而言，要想在工作中取得一点成绩，积极勤奋都是重要的保证，也是职业精神最重要的体现。

07 职业习惯“四字诀”

读胡适书，见到一则故事：

《宋人笔记》中记载一少年进士，问同乡的前辈：“做官有什么秘诀？”那前辈是个参政（副宰相），回答道：“做官要勤、谨、和、缓”，后人称之为做官“四字诀”。胡先生说，他小时候，就听到过这个故事，当时没有注意。从前谈治学方法，讲归纳法、演绎法，后来年纪大了，才晓得做学问的有没有成绩，并不在于读过逻辑学没有，而在于有没有养成“勤、谨、和、缓”的良好习惯。这四个字不但是做官的秘诀，也是良好的治学习惯。

我读到这个故事，已是多年前的事情，可现在每每想起，还会细细玩味。对于我本人而言，治学已无从谈起，可依愚之见，我等法律实务者，如果工作中也能养成“勤、谨、和、缓”的好习惯，则功莫大焉。

勤，就是不偷懒，下得了笨功夫。《律师的艺术》中有篇文章说，赢得诉讼的方法，就是在庭前发奋地工作；只要准备充分，一个能力虽属二流，但却是勤奋之人，就可一次次战胜才华横溢，却较少勤奋的对手。可见，勤奋对于我等法律人的重要性，这种道理连小朋友都能明白，可是工作中我们能做到不偷懒，却又难矣。法律从业者，最怕的就是懒，一懒毁一生。尤其我等律师，美其名曰自由职业者，如不能严格要求自己，一旦养成懒惰的习惯，则前景堪忧。

谨，就是不苟且、执事敬。如孔夫子所言：“如见大宾，如承大祭”。老老实实做人，踏踏实实做工作，也是谨。孰我直言，律师界还是花架子多，吹牛皮者多，能够静坐下来，认认真真研究案件，谨言慎行者，应该还要再多一些。胡先生言，谨就是把事情看得严重、神圣，就是谨慎。我们做不到把手上的事情看得神圣，但也绝不能将法律视为儿戏。法律人如若胆大包天，玩法律于股掌，为官者早晚要进牢房，为律者迟早会栽跟头，小则丢饭碗，大则进监狱。这类例子，不胜枚举。

和，就是虚心，不武断，不固执己见，不动火气。这一点对我等而言，确实很难做到。胡先生说，不但不正当的火气不能动，就是正义的火气也动不得。胡先生的修为，我们做不到。但在做学问、做工作的问题上，我们最好还是要努力做到心平气和。和，就是努力做个谦谦君子，像胡先生一般，为人如沐春风，如春风化雨，谦逊有礼，虚心若愚，虚怀若谷。

缓，就是不能急性子。这一点，对年轻人而言，确实是有点难的。如果像我这等中年人，对身边的朋友说，年轻人，慢慢来。年轻人嘴里不说，心中可能要犯嘀咕：你这是饱汉不知饿汉饥。我都快饿死了，你还要我不要急！当然，如果你真的是个牛娃，也可以试着弯道超车，但最好不要让我看到，你人仰马翻的窘况。其实，我这里主要是要说，工作一定要认真细致，慢工出细活，忙中会出错。尤其写文章，得反复修改，好文章都是改出来的。拿出去的文书，至少也得改上三五遍，这都是好习惯；将初稿放上几天，回过头再改，就会避免犯错误，至少不会犯大错，这是得了“缓”

的好处。

胡先生言，有了好习惯，当然就会有好方法、好结果。大家之言，平淡之中，实乃真知灼见。

08 “问题驱动”的方法

读胡适日记，有以下的内容：

“我们做学问的人，必须常常有一个，或几个研究的问题，方能有长进。有问题在脑中，我们自然要去搜集材料，材料也自然有个附丽的中心，学问自然一天天有进无退。没有研究的问题的人，便没有读书的真动机；即使他肯读书，因为材料无所附丽，至多也不过成一只两脚书橱！何况没有问题的人，决不肯真读书呢！”[1]

胡适先生此论，真乃高见。我读《麦肯锡方法》，了解到麦肯锡公司采用科学研究的方法，来解决商业问题，不觉眼前为之一亮。“问题驱动”这一解决问题的方法，我最早得见于管理学，再读胡适先生书，发现该方法由来已久。

作为一名执业律师，我早已经不敢轻言做学问了，可作为法律工作者，每天都得处理棘手问题，如何能有效地处理诉争？如何让自己的专业能力不断精深？这些都是不得不直面的难题。而“问题驱动”式工作方法，可以作为打开难题

---

1 胡适：《胡适日记全编 4（1923–1927）》，曹伯言整理，安徽教育出版社 2001 年版，第 112 页。

的钥匙。

将“问题驱动”的工作方法，运用到法律实务中去，就是要针对手中个案，围绕争议的焦点问题，找案例、找文章、找专著，然后就此形成代理词、法律意见书、专业文章。笔者在多种场合，曾反复强调“小题大作”的方法，正是“问题驱动”方法的具体运用。坚持采用这种方式，训练有素，基本就能保证办案的质量，在遇到难题时，能第一时间找到问题的答案。

如手上暂无急办业务，我日常的工作内容，多是采用列“专题”的方式，整理案例、归纳裁判观点，作成实务研究的资料。我定期安排以“建设工程施工合同纠纷”为专题，从裁判文书网下载海量判决书，打印装订成册，限期研读。此举可以保证在专业领域，掌握最新司法裁判的动向，确保团队的专业水准，同时也可以保证专业上与时俱进。手法虽然拙劣，但对提升专业能力，形成专业特色，树立专业形象，都不无裨益。

诚如胡适先生所言，有问题便有动力去找资料，无问题绝不肯真读书。从自我管理的角度言，工作中带着问题，让问题缠住不放，就可以保持好奇心，就像寻宝一样，主动去找问题的答案，才会不断有所收获。否则，被动应付工作，被工作拖着走。如此日复一日，岁月蹉跎，终将一事无成。

采用“问题驱动”的方法，工作才会乐在其中。因为有问题缠住，迫使自己不停地查资料，做研究，找答案，乐此不疲，每天案牍劳形，也就不会成为负担。带着兴趣工作，人间仿佛天堂；视工作为苦役，人间无异于地狱。此中道理，即在于此。故此，工作中一定要带上问题，有明确的目标，才能保证兴趣与热情。

胡适先生说，没有研究的问题，便没有读书的真动机，工作便没有动力、活力和执行力。读胡适先生此论，真可谓：夫子言之，于我心有戚戚焉。

09 精致的平庸

读刘瑜书，其中有言：大部分美式社科学问的特点就是，精致的平庸。这个体系不太关心你是不是平庸，但关心你是否精致……精致的平庸总好过粗糙的平庸，which，是当下很多中式社科作品的特点。此论略带刻薄，却不失公允。且此论不只关乎社科作品，其理论的精髓，在商业时代已是普遍现象，甚至对于我等律师，也有启发意义。

现在每次收到采购的各类图书，我先要做的，就是将书的塑封拆除，去掉腰封，再揭掉硬封外的封皮，以识其庐山真面目。一般而言，这些书封，大部分被扔进垃圾桶，甚少的部分，被裁剪成书签。理由是，本人买的是书，不是装饰材料。再说，除了让人多付些银子，实在找不到这些装帧存在的理由。无非就是要让书籍看上去精致些罢了。

还有，写学术论文时，为了让文章高端大气上档次，每次总能见到，文章后面，作者会拖上长长的引注。实话实说，除了表明作者抄书功夫了得，我也不能看出，此举有多大的益处（著作权当然要保护），但读刘瑜书，方才明白，这会让文章显得精致些。——你看，我虽做了文抄公，抄书若干，可咱不但抄国内的张三、李四，还抄国外的约翰、汤姆。说明起码我还翻了几本书，抄得认真，抄得得体，抄得有水准！

不但书籍、论文形式上，现已越来越精致，就连律师写起法律文书之类来，也越来越精致啦。某次，我在网络上见到一份律师函，感觉文书的排版很有特色，就让前台行政人员，照葫芦画瓢，制作一份模板。可遗憾的是，小姑娘捣鼓半天，居然做不出来。原来此文书中的行间距，并非用Word自定义样式，可能是请高手制作的模板。——不管怎么说，人家有勇气将文书放在网络上展示，自然有其一套，姑且不论专业水准如何，就其精致的范儿，也不得不让人承认，确实技高一筹。

平庸乃众生的宿命，拿文字作品来说，人类几千年文明史，留下来的皇皇巨制，不可谓不多，但平庸的作品，在数量上总体还是要更多。联系到某个具体的人，其传世之作，大体上也屈指可数。芸芸众生，如我者流，写出的东西，都不过如过眼云烟。就连英国诗人济慈，临终前也悲观地说："这里安息着一个将名字写在水上的人。"名字写在水上，自然会随流水而去，终难觅其踪迹。

将书籍过度地装帧，将论文拖上长长的引注，将文书做得精美异常，等等。诸如此类，究其实质，往往就在于掩饰内容的平庸。在商业时代，精致的平庸，可谓随处可见。同样一件商品，放在普通商场，与摆在精品店里，价格大有不同。可是，商品价值本身并未改变，不过只是将平庸之物精致化，故价格也就水涨船高了。当然，其中也有可能是"贵的总是好的"这种消费心理在作祟。

公正地评论，诚如刘瑜女士言，精致的平庸，总比粗糙的平庸要好得多。出书如此，写作如此，其实工作、生活当亦如此。平庸的工作，若是努力做得精致些，就可能导致工作逐渐发生改变，变得不再平庸。正可谓，三十年河东，三十年河西，未可知也。济慈先生，临终前悲观地言，其名字如同写在水上，终归于无迹。但历史却证明，他的大名却写在一代又一代人的心上。

由是而言，平庸者的未来，尚未能作最后的定论。但前提是，庸常如我辈者，还得决心做个精致之人。此论，大体上也符合刘瑜的意思。

10 确立工作的标准

吉姆·柯林斯的《从优秀到卓越》一书，是管理学的经典之作。作者在序中鸣谢其工作团队，为该写作付出大约15 000小时的工作量，并盛赞他们在“工作中给自己确立的标准”，对其形成极大的鞭策，云云。我读此书，对作者此言一直不能忘怀。

为什么要在工作中给自己确立标准？这是个有趣的话题。凡我之辈，知道要确立工作的标准，似乎并不多见。平常之人，主观上多不会想到，工作还得要有标准；客观上又很少会被别人要求，应该确立工作的标准。职场之中，多的是“差不多”先生，如此而已。

可确立工作的标准，重要性却不言而喻。从方法论角度来讨论，工作标准的重要性至少有三：首先，保证工作质量。比如，法律服务中，确定文书写作的标准，拿出去的文书，必须严格校对文字，行文须符合基本要求，形式上须做到美观等，这是基本的工作标准。确立这些标准化的要素，基本可以保证工作质量。其次，确立工作的标准，可以帮助提高工作能力。有了标准的约束，凡事都必须做到有板有眼，不会因某项任务简单，而偷工减料，工作也就无法偷懒。循此方法，经年累月，工作能力定然会提高。最后，顺理成章的结论就是，高标准创造价值。不论是生产，还是服务，要义即在于此。

明确工作标准的重要性，就要讨论确立什么样的标准。显而易见，如果以马马虎虎、“差不多”先生的标准，来作为工作的尺度，不但没有价值，还会使人庸常化。古人云，取法乎上，仅得乎中；取法乎中，仅得乎下。故标准还是要立得高，以高标准、严要求，来确保工作做到精益求精。

现在市面上多有宣扬“工匠精神”的书籍，主张将工作做到完美极致。将一件事做到极致，于凡我者而言，好像是不可能的，但世间总有天赋异秉之人，完美才是他们的标准。对于常人而言，工作中能做到取法乎上，标准已经很高，至于完美卓越，算是一种美妙的说辞罢。但我等律师，应当确立更高的工作标准，要有将工作做到极致的信心与决心。因为就法律工作而言，年轻人奋发图强，假以时日，应该会有远大的前程。

既然确立工作的标准如此重要，标准又还得“高大上”，就不得不议，如何能够做到的问题。要确立自己的工作标准，必须给自己立下规矩。先从小事做起，从细节入手，培养好的工作习惯。就法律服务而言，律师先要保证专业的水平；对于每一起案件都能做到，文书必须修改三五遍才能定稿；向客户提交的文件，形式上做到美观大方，材料必须装帧后才能拿出去；服务须做到标准化、有形化；等等。总之，有了这些规矩，时间越久，就会变成工作习惯。好习惯就像一匹快马，骑着它的主人，一定会一马当先。

最后，谈确立工作标准的问题，还必须上升到形而上的范畴来议。假如一个法律人，没有确定的价值观，没有一点职业上的追求，来谈这个问题，显然就很无趣了。

■11 逆向思维的方法

逆向思维，对法律人而言，重要性不言而喻。

《穷查理宝典》主人公查理·芒格曾是一名律师，后来他成为沃仑·巴菲特的合伙人。芒格先生反复强调逆向思维的价值，称凡事都要“反过来想，总是反过来想”。比如，论及如何过上幸福的生活，不如思考如何保证过上痛苦的人生，然后小心翼翼地避免。

其实，律师代理案件，也应当有如此的思维。与其口水纷飞，来讨论案子怎样才能赢，还不如多谈些，怎么样做案子才可能会输；多从对手的角度考虑问题，都实为上策。此种逆向思维的方法，值得在此细述一番。

一般而言，对于民商事案件（刑事、行政案件在此不谈），律师作为原告方的代理人，避免出现滑铁卢之役，必须先保证要做到专业、勤勉。当然，运气也很重要。如果不巧遇上某种不可抗力，业务再强，可能也是白搭。反言之，作为原告代理人，要想干净利落输掉一起案件，大致上莫过于有以下原因。

成为专业上的“二百五”。法律专业遍地开花，法律人多如牛毛，但堪称法律人才的，却真的为数不多。我在法律行业已逾20年，仍始终有如履薄冰之感。法律本是一门博大精深之学问，可是在我们这里，好像连傻子都可以读好。法学院之繁荣，与法学之凋敝，专业人才之缺乏，都是不争的事实。以律师业为例，专业平平者，比比皆是，业界的二八定律，可以很好地说明这一问题。实话实说，本人也不过是半桶水的水平，只不过始终还在保持一点自我要求而已。

专业能力不行，想不输官司都难。在民商事诉讼中，我跌打滚爬多年，其间遇到过许多奇葩败诉案件，律师专业能力的欠缺，是主要原因之一。这些年，作原告方的代理人，我基本上还算靠谱，被法院直接驳回的案件，应该屈指可数。我最深的体会就是，要确保案件不会输，专业上还得精进。实在不懂的业务，最好不要去碰；不要什么业务都做，什么钱都想挣。如果想在法律服务业界，留个好口碑，应当谨慎地选择代理的案件。你不可能做到样样都精通，必须选择专精于某类业务；为了保证胜诉率，可以选择代理风险较小的个案，对风险极大的案件，暂且敬而远之。

此外，成为工作马马虎虎的家伙，想不输案子也很难。律师业本是苦命的行当，可现在却被传媒渲染成动动嘴皮子就能挣大钱的主。孰不知，要做好这个职业，除了勤奋没有更好的方法。有报道称，某名律师有着“令人发指的勤奋”，此公能有今日之气象，从其为某案制作的八九万字的辩护词中，可以看出端倪。

业精于勤、荒于嬉。对于律师业而言，实乃金玉之言。一个能力虽属二流，但却勤奋的律师，就能一次又一次战胜才华横溢、却较少勤奋的对手，这可是千真万确的事。赢得案件之方法，没有比开庭前发奋地工作，更重要的了。有人建言，要做成功的律师，必须先做成功的苦行僧。这些说辞，虽都是从别人处贩卖过来的，却值得铭记于心。

故此，要干净利落输掉一起案件，律师可以马马虎虎对待手上的工作，做一个对工作没有热情、对客户缺少责任心之人。当然，这样从事律师职业，能否在业内生存下去，早晚都会成为问题。如果具备以上两点原因，案子为什么会输，大体上就有了答案。另外，某些案外因素，可能也会导致案件必输，但这不属于讨论范畴。把败诉原因，推卸给别人，这不是诚实律师的作为。

行文至此，我其实想说的是，如何采用逆向思维的方法，保证做好手上的工作。文中多有刻薄之词，但忠言逆耳，良药苦口，还望诸位海涵。

■ 12 金字塔原理

《金字塔原理》介绍了一种清晰展示思路的有效方法，是难得一见的好书。掌握这种方法，对律师职业而言，犹如夜行者见到北斗，夜航者看到灯塔。

在介绍这种方法之前，且容我先说个故事。我刚从事律师职业时，师从某律师，偶尔与他外出谈业务，发现此公谈判能力了得，凡是他出手的谈判，成案率都很高。时间长了，我发现了其中的一点奥妙，就他总是能够有条理地表达自己的观点。比如，对于某起争议，他先谈出一个观点，然后会给出几个理由，再分别就每个理由给出若干个解释。一般不太高明的对手，等到他谈上三点理由，再就其中的某一个理由，给出三种解释后，基本上也就缴械投降了。因为普通人很少接受过逻辑的训练，会在强大的逻辑力量，以及一堆法律的概念面前彻底投降。

我打工一年后，开始独立执业。其间，我也尝试学习这种谈话方法，但起始总不得要领，经常会在谈一、二、三要点之后，先乱了阵脚。另外，也没有人告诉我，其实文章也可以这样写，因为使用这种表达方法，能让读者非常清楚地看出作者的观点、行文论证的思路等。直到读到《金字塔原理》一书后，我突然茅塞顿开：这些年我努力尝试的说话、写作的方法，不就是这本书中的内容嘛。

金字塔原理的规则为："结论先行，以上统下，归类分组，逻辑递进。"[1] 掌握了这种方法，对清晰表达说话或者写作的观点，有非常明显的优势。它可以让读者在第一时间，了解掌握作者所要表达的观点。比如，律师写上诉状，一般会开门见山言明："一审认定事实不清，适用法律错误，现依法上诉，请求二审法院予以改判。"这就是上诉状唯一的中心思想，应当放在文书的最前面。我现在写民商事案件的代理词，就是采用这种方法，先把代理词的主旨列出来，放在文书的前面，这就是"结论先行"的办法。

接下来便是论证，即对中心思想予以展开，结合论据进行说理。以上诉状为例，在列明一审结论错误的中心思想后，便应当给出一、二、三等的理由，再就一、二、三理由之下，再当分出（一）、（二）、（三）等解释，在该等解释之下，再分1、2、3等事实或者法律依据。这就是以上统下、归类分组的论证方法。

值得说明的是，理由及其原因解释的部分，都应当以小标题亮明该部分的观点，而1、2、3等论述的部分，不应当再列出标题，但如果论述部分的内容比较多，应当在论述的前面部分，以概括句统领下文，以便让读者在最短的时间，明白作者就这部分所要论述的内容。

如此展开说理，能让人清楚地看出金字塔原理，在保证论证条理清晰的方面，确有独到之处。但客观而言，此方法并不能一定保证结论的正确性。可对于法律工作者，尤其是对我等律师而言，金字塔原理在文书写作、业务谈判、公开演讲等方面，都可以提供很好的帮助。对于文书写作，该方

---

1 ［美］芭芭拉·明托：《金字塔原理》，汪洱、高愉译，南海出版公司2010年版，第290页。

法甚至可以解决法官不愿看律师长篇大论式代理意见的问题，因为它可以在最短的时间内，让法官看明白代理人对案件的观点，甚至能够清晰地发现，律师论证中出现的纰漏，这能为法官形成内心确认，正确下判，提供重要的帮助。

为了说明金字塔原理在文书写作的中价值，我用自己办理的一起建设工程施工合同纠纷案件为例，具体予以阐明。此案中发包人与实际施工人均不服一审判决，同时提起上诉，我代理的是实际施工人一方，在庭后向某省高级人民法院提交了一份逾万言的代理词。该案件二审我方的诉求得到部分支持，对方的诉求全部被驳回。由于旨在介绍文书写作的金字塔方法，故对原代理词作了大幅删减，只保留了主干结构。（见实例一）

最后，我要向读者隆重推荐《金字塔原理》这本著作，另外还想在此说明，在没有找到正确方法之前，向经典书籍学习，也不失为律师成长的捷径。

[实例]

金字塔原理与文书写作

——以一起施工合同纠纷代理词为例

尊敬的审判长、审判员：

本所接受华某某的委托，安排律师参与其与江苏 B 集团有限公司（以下简称 B 公司）、A 房屋开发有限责任公司（以下简称 A 公司）、乔某某建设工程施工合同纠纷一案二审的诉讼程序。依据事实与法律，代理人发表以下代理意见：

主旨：请求二审法院撤销一审判决，依法改判 B 公司、A 公司、乔某某支付工程款 15,741,767.43 元，并分阶段承担工程款利息的损失；请求驳回 A 公司的上诉请求。

第一部分：华某某的上诉

一、当事人明确约定“工程量依照竣工图纸”等进行结算，该约定合法有效，一审法院认定此约定有违诚实信用和公平原则，未支持该部分工程款4,017,691.22元显属错误，请求二审法院予以改判。

（一）《关于工程结算审核的说明》（以下简称《结算说明》）作为结算约定合法有效，双方明确约定“工程量依照竣工图纸”核算，应以该约定确定已完成的工程量核算工程款。

（二）涉案工程于2013年9月14日正式通过竣工验收，但《结算说明》（2013年6月1日）与确定竣工图纸（2013年6月5日）时间均在竣工验收之前，也可以证实《结算说明》中“工程量依照竣工图纸”，系双方真实的意思表示。

（三）华某某二审期间向监理单位调取的监理日志，已明确证实一审对该部分事实认定有误。

（四）一审认定“双方在合同履行过程中，明知该部分未实际施工，仍在竣工图中列为已施工，而且约定计算价款，该约定有违诚实信用和公平原则”，此认定系适用法律错误。

二、乔某某作为涉案项目的投资人，与A公司形成合作开发的法律关系，应对工程款承担连带给付责任。

三、涉案工程款总额为55,940,373.16元，A公司已付3814万元，未到期的质保金139,850.93元，A公司实际到期应付款项15,741,767.43元，并应当分阶段承担逾期付款的利息。

（一）A公司到期应付工程款项为15,741,767.43元。

（二）A公司应当承担逾期付款的利息，应当按照人民银行同期贷款利率的1.5倍计算。

（三）根据《建设工程补充协议》对付款进度及质保金返还的约定，各责任主体应向华某某支付利息损失分段计算如下（略）。

第二部分：A 公司的上诉

一、一审判决 A 公司与 B 公司共同向华某某支付工程款，符合事实与法律的规定。

（一）一审判决 A 公司与 B 公司共同向华某某支付工程款于法有据，A 公司上诉理由不能成立。

（二）A 公司的上诉理由不能成立，具体理由如下（略）。

二、土方工程部分价款的争议，一审认定 1,459,284.53 元正确，A 公司认为应为 954,705.88 元不能成立。

（一）A 公司上诉认为，施工中出现较大的变更，应办理签证。而华某某只提供了施工组织设计方案，未提供签证与现场照片，不能认定变更工程的施工。再，该施工组织方案从技术上无法实施，实际是“为应付检查而非实际变更”。

（二）A 公司的理由不能成立，该部分工程价款应当为 1,459,284.53 元。

三、二次结构植筋部分的价款问题，一审支持华某某 605,136.47 元工程款，结论正确。

（一）A 公司认为不应支付该部分工程款，理由是一审认定不符合客观实际，更不利于建筑行业的发展，施工人应当严格按照图纸进行施工，擅自采用二次结构植筋做法并无必要。

（二）A 公司的上诉理由不能成立，具体理由如下：

1. 二次结构植筋系经 A 公司、监理公司事先批准的施工工艺，华某某严格按图纸与规范要求施工。

2. 工程所在地建筑业管理局对二次结构植筋工艺有强制性要求。

四、现场安全文明施工措施费应予计取，一审判决支付该部分工程款结论正确。

（一）A 公司主张不应计取现场安全文明施工措施费，其理由：根据合同相对性的原则，实际施工人不能依据 A 公司与 B 公司合同的约定，向其主张现场安全文明施工措施费用；再者，B 公司所施工的工程发生工亡事故，丧失评选资格，且未取得安全文明工地的证书。

（二）A 公司上诉理由不能成立，理由如下（略）。

五、工程所用混凝土属于乙供，A 公司上诉理由不能成立。

（一）A 公司认为混凝土属于甲供，理由：

1. 从双方提供的证据来看，A 公司提供的证据更充分；

2. 现供现浇注的工程，混凝土甲供时一般没有领料单；

3. 华某某主张自行采购不符合常理。

（二）A 公司上诉理由不能成立，涉案证据均证实混凝土属于乙供，一审对该部分争议的处理方式符合法律规定。

综上所述，一审在对工程款总价款的认定上发生错误，对工程款应付主体及利息部分处理不当，请求二审法院撤销一审判决，改判支持华某某的上诉请求，驳回 A 公司的上诉请求。

以上代理意见，敬请合议庭审查后予以采信。谢谢！

13 如何优雅地吃掉一头“大象”

法律人每天遇到的，多是一些棘手问题。若是将这些难题，比作一头“大象”，如何优雅地吃掉它？这个问题十分有趣，姑且在此一议。

一是化整为零的方法。所谓化整为零，就是要分解问题，将“大象”进行分割。分解问题是解决问题的重要步骤，对于相对复杂的大问题，在着手处理前，必须要将大问题，化解成若干个小问题，再将小问题，逐一予以解决。形象地说，就是要将“大象”，分解成大的部件，如头部、躯干与内脏；躯干部分再分成躯体、四肢；内脏再分解为心、肺、胃等部分。

分解的好处在于，将很难的问题，变成若干个相对容易的问题；或者说是将某个很难的大问题，变成一个很难的小问题，以及若干个较为容易的小问题。既然一口吃不成胖子，那就一口一口来吃。这种方法的价值，在于能够找准问题的关键点，对症下药。另外，这也是提高解决问题效率的好方法。容易问题好解决，可先予以处理，然后集中优势兵力，对付难啃的骨头。

二是取其“精华”。不是所有的肉都是好肉。人类不是食腐动物，吃东西应当取其精华，去其糟粕。吃“大象”去皮剔骨，不言自明。同样道理，在处理复杂的大问题时，也应当有所取舍。用管理学中的帕累托规则（二八法则），可以很好地解释其中的原因。20% 的人，掌握世界 80% 的财富；一本书的精华，只占全书内容的 20%；对于一头大象，也只需吃掉其中的 20%（有点奢侈了）；等等。

这个方法同样告诉我们，在解决问题的过程中，必须始终围绕最核心的问题，不能偏离问题的重心。我等法律工作者，解决问题最怕不得要领，东拉西扯，词不达意，此乃职场大忌。比如文书写作，应先抛出观点，再行展开，理由即在于此。

三是团队协作，大家一起吃。对付大问题，个人力量太渺小，必须找到帮手，这就是团队的重要性。将一头巨象摆在面前，却总想着吃独食，定然不能又快又好地吃掉，最好的办法，就是找一群人来共同分享。这当中一个很重要的问题，在于要找什么样的人来共享？我的体会是，其一是要找食量大的人（牛人永远受欢迎），其二是要找志同道合的人，这样才能保证吃得愉快。如果再配上一点酒水饮料，与有趣的人一起大快朵颐，那就太美妙啦。

回到主题上来，团队协作是处理困难问题的重要方法。三个臭皮匠，胜个诸葛亮。一个人可以走得快，一群人会走得更远。团队协作是法律人永远的话题，我尚没有找到太好的办法，此问题还有另议的必要。

总而言之，摆在法律人面前的巨象，就是每天必须直面的难题。如何吃掉它，吃相还能优雅些，这是难题中的难题。

14 理解职业方法论，读这三篇古文就够了

如何做好法律职业，是个仁者见仁、智者见智的话题。市场上多有此类成功学教材，可惜大多拾人牙慧。以下三篇古文，可谓别开生面，读后甚有启发。

第一篇：《送东阳马生序》。

该文作者系元末明初的宋濂，内容是写作者年少时，如何克服艰难困苦，用心读书、终有所成的故事。宋濂以此篇送给马生，用来勉励这位同乡后学，此文写得情真意切，通篇并无说教之词，但读来却有切肤之感。“天大寒，砚冰坚，手指不可屈伸，弗之怠。”“穷冬烈风，大雪深数尺，足肤皲裂而不知。至舍，四支僵劲不能动，媵人持汤沃灌，以衾拥覆，久而乃和。”宋濂这种不畏艰难，孜孜以求的求学精神，实非等闲之辈可以做到。

宋文的主旨，即在于“故道为学之难”。为学之难，这原本只是人间普遍的公理，所以才会有“勤能补拙、天才出于勤奋”的励志之说。汗水从不骗人，勤奋乃是提高职业技

能的不二法门，具有普世的价值，只可惜人性中最难战胜的就是“懒”字，人的生活条件越好，越难克服自身的惰性。

就法律职业而言，勤奋的价值毋庸置疑，看看每月甚至每周出台的新规，就会明白法律人若无勤奋，想要做好这份职业，岂不就是痴心妄想！多读宋濂此文，可以见贤思齐，对法律人而言，大有必要。

第二篇：《卖油翁》。

此乃北宋欧阳修的作品，记得年少时，中学课本中曾收录此文。此文通篇不过百余字，故录于此：

陈康肃公尧咨善射，当世无双，公亦以此自矜。尝射于家圃，有卖油翁释担而立，睨之，久而不去。见其发矢十中八九，但微颔之。

康肃问曰：“汝亦知射乎？吾射不亦精乎？”翁曰：“无他，但手熟尔。”康肃忿然曰：“尔安敢轻吾射！”翁曰：“以我酌油知之。”乃取一葫芦置于地，以钱覆其口，徐以杓酌油沥之，自钱孔入，而钱不湿。因曰：“我亦无他，唯手熟尔。”康肃笑而遣之。

此文虽短小，却道出职业方法论中重要的经验，即“熟能生巧”。卖油老翁见康肃善射，十中八九，却只是冷眼相观，根本没将康肃的技术放在眼里，因为他以自己酌油的经验，明白这当中的道理，不过“唯手熟尔”。年少时我读此文，如春风过驴耳，从未记在心上，人到中年才明白，但凡任何职业，要做到从心所欲，都必须先做到“唯手熟尔”。所谓执业高手，大体就是如此。但言者轻巧，同行当中，包括本人，又有几人敢说，已经做到了“唯手熟尔”？

第三篇：《庖丁解牛》。

此文出自《庄子》，写某厨师给梁惠王宰牛。“手之所触，肩之所倚，足之所履，膝之所踦，砉然向然，奏刀騞然，莫不中音。合于《桑林》之舞，乃中《经首》之会。”

梁惠王感叹说:“嘻,好啊!(你解牛的)技术怎么高超到这种地步啊?”

厨师放下刀说：“我所爱好的，是(事物)的规律，(已经)超过(一般的)技术了。”于是，他的一把屠刀，用了19年，刀刃若新发于硎!

梁惠王曰：“善哉！吾闻庖丁之言，得养生焉。”

此文亦早见于中学课本，但如前如述，当年除应付考试之外，我根本没有将大作放在心上，更谈不上要用心体会了，直到将上述三文对照来读，“仿佛若有光”，从中看到了一片新天地。

如果说，宋濂写的是职业的基础篇，《卖油翁》是职业的高级篇，而《庖丁解牛》应当是职业境界篇。只有达到“游刃有余”“踌躇满志”的职业境界，才可能在某一行业中独孤求败！——于我而言，此番境界，虽不能至，心向往之。愿有更多年轻的同道，能从上述三篇古文中，得到更多启示。

第二部分

执业方法

（一）开卷有益

01 为什么要读书

律师要有所作为，靠一点真才实学，立足市场，赢得客户，必须认真读书。

靠律师业安身立命，不求闻达，但求无过，10年前不读书可能还可以应付，毕竟考取法律执业资格，还是要读上几本书，再靠一点经验，糊口定能解决；但在当下，时代已大有不同，要做好这份职业，不饱读群书，大体上是不可能的。

法律知识日新月异，就专业角度而言，不学习即落后。既然选定了这份职业，必须下定决心，终身学习，否则不要说有所作为，是否还能在这个行业里撑下去，早晚都会成为问题。这些年，我最深的执业体会，即在于就某些专业领域而言，律师必须有专业特长。靠专业能力取胜，已成为弱肉强食的市场法则。而专业能力的培养，不读书，岂能轻言可以得到？

专业能力只是基础，律师业光有法律专业知识，尚远不够保证做大做强。其他能力，诸如商业营销、专业谈判、团队协作、事务所管理，无一不需要法律之外的知识。比如营销学，本来就是一门很复杂的学问，为什么有人能做得风生水起，而有人却始终找不到北？问题还是出在知识储备不够，人才短缺罢。律师多读管理学、心理学等方面的书籍，必要性无须赘言。

律师光靠要嘴皮子，已经远不能胜任工作，笔杆子的作用，有目共睹。以浙江的陈有西律师为例，“李庄案”第一季，他以《中青报奇文批判》而一炮走红，此后一发而不可收。此事例足以证明，写作的重要性，但说起来轻巧，文字表达要达到炉火纯青的功力，非有多年的读书习作、厚积薄发，则完全没有可能。写作没有坦途，必须多读、多想、多写，阅读、思考、表达，都是系统的工程，少了哪一项，都不可毕其功于一役。可重中之重，还是要多读。

对律师而言，多读书还对培养宏观视野大有裨益。如果就专业论专业，律师们往往能说得头头是道，但就某个具体的问题，说出“是什么”并不算高明，说清楚“为什么”才算高明，故必须多读书，尤其是要读理论书籍，读专业外的书籍，以培养大局观、大视野。所谓高屋建瓴，说的就是这种境界。

我在律师职场已逾 10 年，对律师业虽不能说参透玄机，但盲人摸象，时间久了，也一定不会再说大象是头猪，而我生出这些感触，可正是从说大象是堵墙，是根木头桩子开始的。现在我能写出这些感受，最大的得益，也是来自阅读。

开卷有益，诚不我欺。律师必须下定决心，多读书、读好书，养成读书的习惯。

02 阅读应“取法乎上”

对律师而言，读什么书，如何读？必须要认真思考。读什么书的问题，应包括读的范围、层次等，且容我详谈。

必须读专业书，否则律师何以安身立命，便成为问题。但专业书，汗牛充栋，又如何读法？术业有专攻，东一榔头西一棒子，定然读不出什么名堂。这又必须谈专业定位的问题，律师最好成为专才，而非通才，除非你能像我国台湾地区的史尚宽先生一样，可以打通刑事、民事、行政三大法律体系，否则最好趁早收起膨胀的心灵，安心在自己的一亩三分地里耕耘。如此一来，才可能读好专业书。

可即便如此，就某个专业领域，书籍也是多不胜数，这又如何是好？此难题也不易解决。书多得读不过来，便应当作出取舍，如何取舍？就是要读大家之书，读经典之书。比如，如果立志在民商法实务领域打拼，王泽鉴、史尚宽诸前辈的专业书，总得要再三研读；如果你法学功底足够扎实，还应当多读国外的专业书籍。这就是“取法乎上”。

《余英时访谈录》中，余先生说：“我想我要强调的就是，要知道怎么念书，那就得取法乎上，读精品，找学者公认的经典好好揣摩。”在《文学回忆录》中，木心先生说得更好：“说来说去，给大家一个制高点。有了这个制高点，看起来就很清楚。一览众山小，不断地一览众山小。找好书看，就是找个制高点。”卡夫卡说：“你何苦读这种昙花一现的东西？”卡尔维诺《为什么读经典》一书中，讲得最明白不过了。

以上我引经据典，从专业书之外的角度，来谈读法律专业书的问题，似乎有违法律人的逻辑思维。读者不要误会，我其实是想说，读书的范围与层次，实在是太重要，太有强调之必要了。胡适先生也曾说：“为学当如金字塔，要能博大要能高。”没有阅读量的保证，在专业小圈子内浸淫太久，终不免会坐井观天，有鼠目寸光之虞。也就是说，在阅读量与阅读范围的问题上，也必须“取法乎上”，要多读。

对律师而言，阅读的范围，要越广越好。陆游说：“汝欲学作诗，功夫在诗外。”知识面广，律师才会有优势，这是不证自明的道理。前文已提及，萧公权在《问学谏往录》中提到，胡适谈治学方法，提出“大胆假设，小心求证”。萧先生说在假设与求证之前，还要加上“放眼看书”。这种意见，对律师当然也适用，读得越多，见多识广，看问题的方法自会不同。另外，腹有诗书气自华，人丑还得多读书嘛。

《律师的艺术》中说：“没有文学与历史知识的律师，只能是一个从事体力劳动的机械工人或泥瓦匠；而如果他拥有文学和历史的知识，或许就可以称自己为辩护律师了。”若有可能，律师也要再读读管理学、心理学之类的书籍。如果你足够厉害，还能读懂经济学、计算机、外语，那就完美啦。此论，当然也是“取法乎上”。

吾生有涯，而知无涯。人类自身的局限性，使得我们不得不读书，更何况，对于法律之师，本就应该多读书。多读书之后，就会明白自己何等渺小与无知，因而向往能够再多读，以期有所进益。又且，对于“取法乎上”之人，读好书、多读书，本是顺理成章的事。

03 律师方法论的要义

——读《律师的艺术》

《律师的艺术》[1]一书，前文中曾多次提及，我读之不下数遍。其中有些内容，实乃真知灼见，故录于此。

（1）保护当事人利益是律师的第一要务。

（2）赢得案子的方法，就是在开庭前发奋地工作。

（3）不要忽略在准备案件时那些机械性的工作。在办案过程中，有条理地组织文件的重要性，远远地超出人们对它的一般认识。

（4）只要准备充分，一个能力虽属二流，但却勤奋的人，可以一次又一次地战胜才华横溢却较少勤奋的对手。

（5）对所有的案件，都不能因为它太简单或太小，就不进行认真的准备工作。

（6）如果一个律师认为，他只需对大案子进行准备，而对一些小案子则无须准备就能辩，那他根本别想获得多少

---

1 ［印］米尔思等：《律师的艺术》，刘同苏、侯君丽译，中国政法大学出版社 1992 年版。

辩大案子的机会。

（7）所有无关的东西都应当被删去。这样关键性的问题就能得到强调。

（8）简洁是智慧的灵魂。

（9）应保证诉讼文件的有序性与易寻性。

（10）在通往胜诉的道路上，有效的演讲这一素质，比其他单一因素更能发挥作用。

（11）一个律师必须研究全国性的刊物，诸如《全印度法院判决公报》，在这种工作中投入的劳动会得到10倍的补偿。

（12）律师应在工作中充满信心，而只有在法律研究中投入了艰苦的劳动之后，才会产生这种信心。

（13）在这个领域，只有以无限度的勤奋才能名列前茅。法律不仅是项全日制的工作，而且是一项需要以超常的工作量，进行不懈努力的工作。

（14）对工作怀有艺术家般的狂热，这种狂热会使他对工作比其他任何事情更为着迷。

（15）除非一个人具有从事艰苦工作的能力。否则，他绝不可能成为伟大的辩护律师。

（16）在人生的每个阶段，都尽自己最大的力量去干自己所从事的工作，这是人生的职责。

（17）必须先耕好你的田地，甘露随时可能降下。

（18）若是律师身上真有所谓有最重要的品质，那就是诚实。诚实是在这一职业中获得成功的首要因素。

（19）只有诚实而认真地履行责任和义务，律师们才能赢得令人尊敬的声誉。

（20）没有一个真正伟大的律师，会在一生中仅仅满足于为私人顾客服务。在需要来临时，会产生为公众服务的强烈欲望，这是伟大律师之品质的重要组部分。

以上所录，皆源于该书。另外，须再行强调的是，好书要多读，此乃律师方法论的要义。

04 律师方法论

——读《生存与尊严》

《生存与尊严》[1]系马贺安律师所著，副标题为“律师的定位与案源拓展方法”，也是一本关于律师方法论的书籍。

这本书的主旨在于，律师要成为专家，最好能成为全才，如写作、演讲，乃至穿衣打扮之类，都不能含糊。作者提出“教导式业务拓展方法”，要求律师成为客户的导师，而不是雇员、打工仔。于我看来，此论当然在理，但要成为专家能手，谈何容易？君不见，芸芸众生，庸常如我辈者，比比皆是，业界的“二八法则”，恰好说明这一问题。高人毕竟永远是少数，如何成为少数人，才是关键。

律师方法论，此类书多是正告我们，律师要如何去做，而《生存与尊严》的不同在于，作者时时提醒，什么事我们不能去做。这种与众不同的表达方式，给人的印象甚为深刻。书中谈及，如推销式的方法，为什么律师最好不要做？律师提供“星级服务”为什么不靠谱？在法院与看守所门口摆地

1　马贺安：《生存与尊严》，法律出版社 1992 年版。

摊，为什么永远都是小角色？见人发名片，广种薄收为何不行？甚至向中间人支付回扣，乃至做行贿之勾当，也定然不是长久之计等，文中娓娓道来，全是经验之谈。作者称有些行业主管部门，将此书作为入行律师必读书目，应非虚言。

“教导式业务拓展”之方法，说白了就是专业化，要成为某一专业权威，以此推动业务的发展。《穷查理宝典》一书中，查理·芒格先生给出律师业务拓展的方法，就是“先将手头上的业务做好”。此问题说起来易，做起来甚难。但读了《生存与尊严》，知道再难，也得去做。

成为法律专家，或者打算成为法律专家，确实是我等律师必须直面的问题。因为观念的重要性，专业化可以给人以心理的暗示，即在某类问题上，本律师还是有所研究、有所心得的！如再能拿出研究成果、过去的业绩之类，去承接业务，也就会顺风顺水。如书中所言，对于律师业而言，客户不是上帝，客户多是来求上帝的。故此，将律所装修如宾馆，提供所谓的星级服务，是非常离谱的举措；律师打电话上门推销，相当于自取其辱。多年前，曾出现律师向法官写信，提出介绍案源成功后分成的怪事，此疯狂之举无异于公开自杀——此人后来被吊销执业证书，实在是咎由自取！

此书引以妙喻，借猎熊者之口，来说明业务拓展之方法。猎熊者的原理，是从不追逐，而是等待——在它们可能出现的地方等待。书中说此原理中，暗含了律师做业务、做推广的注意事项，真乃真知灼见。因为如果猎人主动出击，猎物可能就会跑掉。“推介自己的知识，就是展示自己，吸引客户来看，来了解律师，然后等待客户来找。律师的成功与否，完全取决于两个因素：一是准备得如何？二是展示得如何？”准备就是长年累月的厚积薄发，提升学识、完善自己的执业道德；展示应是不遗余力地告诉别人，律师取得的“战果”——他猎取的一头又一头大灰熊。关键点就在于，律师得吸引人。

《麦肯锡方法》序言中说："麦肯锡并不神秘，方法论铸就神奇。"联系到这本《生存与尊严》，也就可以说，路子对了，你也行！当然，此路并不好走，熬出来就好！

05 律师的专业化

——读《专业主义》

日本学者大前研一所著《专业主义》[1]，是管理学的一本好书，值得再三研读。

法律职场中，专业也是老生常谈问题。比如，我习文，念兹在兹的，亦是在强调专业化，以期展示自己的专业能力，但对于什么才能谓之专业、专家、专业化的问题，此前并未深入去探究，或曰还处于一种大概、可能、差不多的认识水准。读此书，我有了一些新认识。

医学界有"希波克拉底誓言"（The Oath of Hippocrates）。大前先生言，该誓言对于思考职业化问题意义深远，他建议读者阅读时，把医生作为"职业"，把患者作为"顾客"来考虑，以便更好地理解职业化。该誓言内容如下：

1. 请允许我行医，我要终生奉行人道主义。

2. 向恩师表达尊敬与感谢之意。

---

1 ［日］大前研一：《专业主义》，裴立杰译，中信出版社 2006 年版。

3. 在行医过程中严守良心与尊严。

4. 以患者的健康与生命为第一位。

5. 严格为患者保守秘密。

6. 保持医学界的名誉与宝贵的传统。

7. 把同事视为兄弟，不因患者的人种、宗教、国籍和社会地位不同而区别对待。

8. 从受孕之始，即把人的生命作为至高无上之物来尊重。

9. 无论随以怎样的压力，在运用自己的知识时，也不会违背人道主义。

我国台湾地区的陈长文先生所著的《法律人，你为什么不争气？》一书，也提及此誓言内容，他是借以批评台湾地区法律界。从职业化或专业化的角度，如大前所述："专家的词源本是 profess，意思是向上帝发誓，以此为职业。"马克斯·韦伯有两篇演说——《以学术为业》《以政治为业》，都谈到"业"的问题，在韦伯看来，"业"是一个伦理的概念，业不是养家糊口的饭碗，而是作为使命的职业，伦理之业，或者称之为天职。

不论是医生，还是法律人（律师），这些职业自古以来就被视为专家。可我们对专家的理解，多还只是停留在技术层面，某人有一技之长，似乎就可以称为某方面的专家。这种理解，还停留在知识与技能的层面，爱因斯坦戏称专家为"训练有素的狗"，大概正有此意。而作此解，较韦伯的"业"，差距何止万千里之遥。

大前研一对专家的定义是：专家要控制自己的情感，并靠理性而行动，他们不仅具备较强的专业知识和技能以及较强的理念，而且无一例外地以顾客为第一位，具有无穷的好奇心和永无止境的进取心，严格遵守纪律，以上条件全部具备的人才，我才把他们称为专家。

由上可见，仅停留于知识与技能的技术人才，不能算得上是真正的专家。专家必须为社会、为他人创造价值。也即，“业”才是第一位的，“专”应是第二位的，可我们现在仍然有太多的企业与人个，将“专”放在第一，“业”放在第二位，这恰恰是对专业主义的曲解。

正因为将“业”放在首位，“专”顺理成章就成为手段。就像对于我等律师而言，专业技术也只是谋生的手段，在强调技能重要性的同时，恰恰还需要时时警醒，永远不能让技术超越德性、法律以及更为抽象的社会公义。

06 像麦肯锡一样营销

“麦肯锡从不推销”，这句话听起来很奇怪，一家发展如此大规模的公司，怎么可能不做推销呢？但事实确实如此。麦肯锡奇特的文化，起源于其创立者毕业于名牌大学，曾就职于第二次世界大战前的财务公司。那个时期，专业服务公司做广告，或者主动招揽生意，都被认为有失身份。[1]

作为法律服务业，同样也存在业务营销的问题。虽然法律服务业不允许直接做广告，实际上以各种名头推出的软广告，已经遍地开花了。因业务拓展的问题，我曾认真读了几本管理学教材，其中《麦肯锡方法》一书，读后颇有启发。麦肯锡的营销方式，值得法律服务业借鉴。

麦肯锡公司没有人出去找生意，从来都是等着生意找上门，而且生意真的就会主动找上门，其原因就在于公司做足了营销功夫。麦肯锡从以下几个方面做足营销，保证客户有商业问题需要解决时，会首先找他们来解决：

1. 源源不断地推出书籍和文章，其中有些具有相当大的

---

1 ［美］艾森·拉塞尔：《麦肯锡方法》，张薇薇译，机械工程出版社 2012 年版，第 48 页。

影响力，诸如彼得斯和沃特曼合著的《追求卓越》。同时，麦肯锡出版自己的学术期刊《麦肯锡季刊》，并免费提供给客户以及前咨询顾问，他们中的许多人已经在麦肯锡的潜在客户那里身居高位。国内律师界现在写书、写文章的越来越多，但论层次，属于精品的并不多。法律职业需厚积薄发之功，假以时日，律师界也定会有大作问世。

2. 公司邀请多家媒体（也被媒体邀请）进行报道。

3. 许多麦肯锡合伙人和项目经理，在各自的领域都是知名的专家。专业化是麦肯锡的王道，这一点毋庸置疑。律师界，专业化早已成为必须直面的严肃问题。

4. 麦肯锡也一直维持着与潜在客户进行非正式交流的庞大网络。公司鼓励合伙人参与“业余活动”，诸如慈善基金会、博物馆和文化组织；而这些组织的很多成员，均系一些公司现任高管或者麦肯锡的潜在客户。

5. 麦肯锡的咨询顾问经常参加行业研讨会。

6. 公司合伙人会不断与老客户见面，这样不仅可以检查过去麦肯锡项目的结果，而且可以保证客户出现新问题时，麦肯锡依然能够保持自己在其心中的分量。

这些努力不能用推销来解释，但可以确保潜在客户意识到麦肯锡的存在，这就保证了生意会自己找上门来。

麦肯锡成立于1923年，是世界上最成功的战略咨询公司，它为《财富》100强企业、美国州和联邦政府以及外国政府提供咨询。它的成功经验，可以给同类型机构提供样本，也可以供法律服务业借鉴。

麦肯锡的方法，不一定全部适合律师业，但能从中学到一二，亦定会受益终生。这一点，毋庸置疑。

■07 多读胡适书

2005年左右，我从南京的先锋书店，淘到唐德刚先生整理的《胡适口述记传》。自此之后，一发不可收，至今我已收藏20余本胡适的书。

余生也晚，读书年代，市面上几乎见不到此类书籍，后来知道胡适的书，曾一度被视为“毒草”，在国内成为禁书。好在时代在进步，让这些好书重见天日，让读书人读到这些不可多得的好文字。

胡适书最重要的特点，在于文字畅晓通白，即使读者没有高深的学问，也可读其专业书。比如，其成名作《中国哲学史》，原本以为会艰涩难懂，但读后发现，这本哲学史的书，普通人也可以读下去，而且还能读得懂、读得通。胡先生在《四十自述》中自谦地说，他的文字特点就在于“浅显”。但其要害却在于，能将道理讲清楚、讲明白，讲得让人懂。

胡适先生学贯中西，一辈子获得30余个博士学位，其作品涉及哲学、历史、文学等多个领域，读其书，不论读者从事何种职业，都可以从中得到启发。胡适一生奉为圭臬的科学方法，是“大胆假设，小心求证”，他受到赫胥黎的影响，另师从实验主义大师杜威，胡适坦承其思想受这两个人的影响最大，前者教他怎样怀疑，教他不信任一切没有充分证据的东西，后者教会他如何思想。

胡适先生另一句名言，便是其科学方法的具体化，即“有一份证据，说一分话”。这种无证不信的治学方法，对法律工作者而言，重要性也不言而喻。“拿证据来”，本是法律工作核心内容之一，这是我读其书最有收益的部分。

胡适先生在谈读书治学时，强调“为学当如金字塔，要能博大要能高”。其实，不仅是读书治学，做实务工作也同样如此。光懂得专业尚不够，比如律师职业，只懂法律远不能做好，这便是古人所说的“功夫在诗外”的道理。舌战大师丹诺律师，在其回忆录《我的一生》中写道：“我不仅沉迷于科学，还喜欢研究社会学、哲学和宗教，我发现这些学科为我在法庭上的辩护提供了许多帮助。”这个例子可以充分说明胡适先生观点的正确性。

胡适先生年轻时接受美式教育，一生奉行自由主义，但对社会、对家国，却抱有赤子之心。他在国家危难之际，接受委派出任驻美大使，积极争取美国的支援，为抗战胜利作出了巨大的贡献，也充分展现出传统知识分子“明道救世”的精神。

胡适先生在《胡适文选》的序文《介绍我自己的思想》中说：“我希望少年学生能读我的书，故用报纸印刷，使定价不贵。但现在三集（《胡适文存》）的书价已在七元以上，贫寒的中学生已无力全买了……所以我现在从这三集中选出二十二篇论文，印作一册，预备给国内的少年朋友作课外读物。”再不用多介绍胡适书，读他这段文字，足以见先生的真诚。读过他的书，也就会真正明白，什么叫文如其人。

说瓜怎样地甜，必须亲自尝了才会知道。我读胡适先生的书，至少晚了15年，但尝过后，再也舍不得丢掉。

08 如何提高见识

——读《见识》

观书如同看山，横看成岭侧成峰，远近高低各不同。读吴军先生的《见识》[1]，书中处处有惊喜。

一、见识之重要性

此书开篇，谈及命与运的话题。就作者所见，所谓命，在于一个人看问题及思维的方法。一个人命好，在于其有独特的思维方式。而运气相较而言，重要性次之。这是比较新颖的观点，以平常人来看，命运系一个名词，难得见到将其分开讨论。人们常论命运无常、命运多舛、命运不济等。分言之，说某人命好，有个好爹；某人命大，大难而不死；说某人运气太好，买彩票中了大奖。

将命归因于人独特的思维和行事方式，非常有创见。同样的出身，受过同样教育的人，人生之路却大相径庭，原因即在于此。另言之，将命归因于个人的思维与行事方式，可以摆脱宿命论的窠臼，让陷入困境与苦痛的人们，找到人生的出口。比如，出身贫寒之人，可以通过改变思维及行事方式，

---

1 ［美］吴军：《见识》，中信出版社 2017 年版。

改变命运。这样读来，确有豁然开朗之感。

我不大相信运气之论，说自己运气好，大体是客套话而已。一个人的运气好，也只能一时好，不可能一世好。一世运气都好，此人定然是例外。万维刚的《高手》，特别强调运气的重要性；《异类》从运动员出生的月份，来讨论出生时间与职业关系，也特别强调运气的成分。可见，运气不可轻视。但我更相信，越努力、越幸运，这还是与人的思维与行事方式相关。说到底，命运之类的话题，莫不要强调见识的重要性。

二、如何提高见识

吴军先生言，很多时候，人的成败得失，取决于见识的高低，而不是简单的努力。此论当然正确，可问题的核心在于，如何让自己有见识，或曰提高自己的见识？普遍的见解是，见识来自阅读，来自大家的智慧。这里所言的大家，既包括历史上的伟人，如莎士比亚、司马迁等，也包括当世的名人，如巴菲特、拉里·佩奇等。

通篇读来，吴先生更看重阅读的价值。其实，阅读对于增长见识的重要性，不言自明。一本好书，本身就可以帮助我们重新认识自己，认清世界，弄清楚心中百思不得其解的疑惑，并最终让我们成为一个更好的人。作者在书中多次提及《庄子》《曾国藩家书》《富兰克林自传》等书籍，言明此类书籍给予的人生教诲。

不可否认，向身边的高人学习，不失为长见识的捷径。近朱者赤、近墨者黑，道理非常浅显。旅美作家王鼎钧说，人生不只是近朱者赤、近墨者黑，还有近大者大，近小者小。不断地向身边的高人学习，甚至寻得机会，看高人如何行动，然后照葫芦画瓢，不失为长见识的好办法。甚至，我曾向年轻人建议，有时还要向高人“偷着学”，因为他们并不见得，会告诉你真功夫，你得细心观察，然后像练习书法一样临摹。

另外一点，吴先生没有特别提及，但我认为值得在此一提，即旅行对开阔个人视野、增长见识的意义。元稹诗，曾经沧海难为水，除却巫山不是云。年轻时，我将此诗当作情诗来读，中年后发觉，此诗完全可以用来解释，人的见识与视野问题。见过大海后，你还会在意一洼浅水吗？见识过巫山的云雨，你还会惊异于平常的风雨雷电吗？这就是见识、视域之高下的不同。没有见过外面广大的世界，人多半会成为井底之蛙。故不只是年轻人，即便是老朽之人，也得多出去走走。读万卷书，行万里路，是一辈子的事。

三、幸福才是目的

将《见识》作为成功学来读，似乎有点低级。但掩卷之余，细想起来，这本书教人如何增长见识，完全可以作为成功学的教材。好在，对成功的见解，我们还可以各持己见。

吴军先生的观点是，当一个人对社会产生极大的正向影响后，他不仅可以获得物质（如金钱）和精神（如名誉）的财富，而且会有一种由衷的幸福感。——说得明白点，人还得有形而上的追求。甚至，人在活着时可能十分潦倒，死后仍可以流芳百世，如音乐奇才莫扎特。据说此公去世时，周围除妻子外无一亲朋，出殡时赶上雪天，没有一个人为他送葬。但历史并没有忘记他，莫扎特成为古典音乐的代名词。

就此问题，可以用马斯洛需求层次理论来解释。人的需求像一座金字塔，底层是生理与安全的需要，满足了底层的，就会有更高层的需求。儒家文化的观点是，“穷则独善其身，达则兼济天下”。如此，则幸福亦在其中。

09 法律人要读经典

——读《燃灯者》

赵越胜先生，于我而言，确是个陌生的作者。网络上获悉，其忆周辅成先生的《燃灯者》，好评如潮，于是慕名淘回来一本，细细地读过。

作为半个读书人，我对此类书籍的关注，更多地想从中探究一下，这些学者人物读书为学、处世做人的经验，并想窥探他们的人生观，以及对这个动荡世界的观念。这类作品常受到读书人的热捧，作为一介准读书人，我也颇有兴趣，像何兆武先生的《上学记》，何柄棣先生的《读史阅世六十年》等，都被我视若珍宝。

相较于法律书籍而言，阅读这一类的作品，无异于一次次的心灵愉快之旅。另外，在笔者看来，传统读书人“明道救世”的文化血脉，对于法律人而言，也尤显珍贵，多读此类大作，不失为法律人“补钙”的过程。毕竟，法律的生命不在于逻辑，而在于经验。经验之说，当然要包括对现世生活的精确拿捏，而这些书，从中汲取营养，尤其弥足珍贵。

普通如我辈者，很难像本书的作者，会遇上如周先生这样的燃灯者，借以照亮自己的前程。我读书的经历，虽遇过很好的师长，但并未遇上堪称大家者，甚至没有人曾教导过我，应如何读书、习作，更不用谈如何规划人生了。草根的命运，大都会自生自灭。当然，芸芸众生，草根生而不息，道理也不言自明。野火烧不尽，春风吹又生。在通往智慧的道路上，草根也可能创造奇迹，只是这毕竟是少数。值是之故，阅读就成了必要的手段。

我读《燃灯者》，感悟至深者有二：一是专业上要有所成，必须读经典；二是专业精深，还须涉略广博，诚可谓“为学恰为金字塔”。此书中多次论及莎士比亚戏剧，作者问周先生莎翁和哲学有何关系，先生有高论如下：“莎士比亚的戏全谈人生哲学，比哲学家高明得多。先生又说，一等的天才搞文学，把哲学也讲透了，像莎士比亚、歌德、席勒。二等的天才直接搞哲学，像康德、黑格尔，年轻时也作诗，做不成只得回到概念里。三等的天才只写小说了，像福楼拜。说罢大笑，又补充说，我这是谈天才。而我们这些读书人至多是人才而已。若不用功，就是蠢才。”周先生所论，真是高见。

读此书，我另外的感悟，就是读书人的家国情怀。古训中有“两耳不闻窗外事，一心只读圣贤书”，故在家天下的时代，读书人要么读成书呆子，要么被驯化成权贵的打手和爪牙。明朝东林党人提出家事、国事、天下事、事事关心的学训，值得称道。此书中写周先生，晚年仍关注国内形势，二零零九新春与作者的通话，尤值在此引述，先生说：“现在中国的问题是大人物只关心自己的小事情，而小人物的大事情却没有人管。先生怕我不明白，特地解释说，大人物的小事情就是升官、出国、捞钱、安置子女。小人物的大事情是生老病死，看不起病、上不起学、住不起房，社会缺乏公义啊。”这种洞见，非大家所不能言。

读此书，感受一代大师的风骨与情怀，心中有万语千语，下笔时却一时语塞。“是知灯者，破愚暗以明斯道。”斯人已逝，但他寂寂的一生，就像一盏放在灯台上的灯，阅读他，我也感受到了光明和暖意。

10 律师“祖师爷”邓析之死

邓析曾被认为是中国律师的“祖师爷”，其“操两可之说，设无穷之辞”形象，常被张冠李戴到现代律师的头上。

胡适在《中国古代哲学史》书中，对邓析评价甚高，认为作为孔子同时代思想界的革命家，除了老子，便要算邓析。但邓析毕竟是个历史悲剧人物，他没能善终，《吕氏春秋》和《列子》都说他被子产所杀，《左传》却记载，鲁定公九年（公元前501年），“郑驷颛杀邓析而用其竹刑”。邓析到底为谁所杀，已不重要，通过些许的文献，我们还是可以深究一下，邓析悲剧人生的缘由。

《吕氏春秋》中有一则故事：洧水甚大，郑之富人有溺者。人得其死者，富人请赎之。其人求金甚多，以告邓析。邓析曰：“安之。人必莫之卖矣。”得死者患之，以告邓析。邓析又答之曰：“安之。此必无所更买矣。”

这个故事太精彩，不排除后人杜撰的可能，邓析果真如此“狡猾”，其明辨的能力，远非凡人所能及。但仅凭邓析的这种言行，可能还不至于因此丢了性命。用现代人的眼光来看，这种讼师言行，不过是“刁民”的雕虫小技，无关乎国家的前程命运，危及不了统治者的社稷江山，即使犯法，大不了到牢里读书，应不至于杀头。

《吕氏春秋》中还说：“邓析……与民之有狱者约，大狱一衣，小狱襦裤。民之献衣襦裤而学讼者，不可胜数。以是为非，是非无度，而可与不可日变。”邓析收取钱财，帮民打官司，教老百姓学讼，用现代人的眼光看，就是在做律师同时，还兼做律师培训班的老板。这对当时的统治者而言，是可忍，孰不可忍。现在律师替被告人辩护，还有人说是在替“坏人”说话，为“正派人”所不齿。邓析在2500年前就敢吃这碗饭，与“无讼”唱反调，其为统治者忌恨，也就很好理解了。

但笔者还是觉得，如果邓析只是做律师的“祖师爷”，即使不能好活，但终可以好死，不至于引火烧身，为国家机器绞杀。邓析被杀，完全是因他在政治上“大放厥词”。可以说，邓析并不是因做讼师而被杀，而是作为政府的反对者而遭身首异处。

《吕氏春秋》中说：“郑国多相县以书者（这就是出报纸的起点）。子产令无县书，邓析致之。子产令无致书，邓析倚之（县书是将议论张挂在一处叫人观看，致书是送上门去看，倚书是混在他物里夹带出去看）。令无穷而邓析应之亦无穷矣。”

行文至此，对邓析真实的历史角色，也就可以一目了然。用现代语言来表述，他这是视当权者的政策为儿戏，现在我们所谓“上有政策，下有对策”，似乎可以从他这里找到历史渊源。邓析视当权的法令为儿戏，时时要做统治阶级的反对者，这就难怪子产之流为之震怒，要对其痛下杀手了。

更有甚者，在《邓析子》一书中，邓析竟然说：“天于人无厚也，君于民无厚也。”这种言论，可以视为对统治阶级的直接挑衅，此论传到统治者耳中，邓析只有等死的份儿了。

邓析身处“邪说横行，处士横议”时代，其激烈的言行为守旧派、当权派所忌恨，现在看来，一点都不意外。孔子当上鲁国的司寇，就杀了“异端”少正卯。差不多100年后，西方的苏格拉底，也因祸从口出而被杀。哲人们死法虽不相同，但从实质上说，都是死于统治者对异己者的诛杀。

在没有民权的时代，哲学家追求思想与言论的自由，无异于在刀锋上舞蹈。作为邓析的“衣钵传人”，尽管当下转型的社会尚存在不足，我们仍要为之庆幸。

11 亲属复仇的历史考察

张扣扣为母复仇，杀死三人，其被判处死刑，予以执行。以笔者所见，张扣扣案系一起人间悲剧，刑法白纸黑字，可以说他死得其所。换谁去辩护，也无力回天。

瞿同祖先生在其《中国法律与中国社会》大著中，专门有“亲属复仇”一节，内容十分生动，在此一并推荐这部经典著作。笔者在张扣扣案发生前后，将此书翻出，再予研读。

据瞿先生考证，复仇在古代社会，极其普遍，且成为一种社会的观念和习惯。不只在我们华夏大地，历史上如希腊人、希伯来人、阿拉伯人、印度人，都允许复仇。《摩西法》和《可兰经》都认为复仇是对的，甚至英国在10世纪，意大利一直到十六七世纪，还存有此风俗。可以见得，复仇是一种人类社会普遍存在的现象。

在古代社会，复仇被视为一种神圣的义务。美洲印第安人将一块布浸在死者所流的血里，当作纪念品，一直保留到复仇为止。一个澳洲西部的土人，如果他不曾完成复仇，老妇人会嘲骂他，他的一群妻子会离弃他。如果他还不曾结婚，没有一个年轻女人肯答理他。他的母亲会常常哭泣，悲哀自己生出这样堕落的儿子。他的父亲也会轻视地不断地责罚他。我们的战国时代，报仇之风亦极盛，孟子在《孟子·尽心上》中说："吾今而知杀人亲之重也，杀人之父者人亦杀其父，杀人之兄者人亦杀其兄。"可见，说先秦是复仇自由的时代，大致可信。张扣扣如若生活在战国时代，除非他再被复仇者杀死，执政者应该不会判其死刑。

但在法律成为治国模式以后，生杀予夺成为国家的权利，复仇为国法所不容，此乃法律的常识。瞿同祖先生考证说，至少在西汉末年，我们已经有禁止复仇的禁令。《烈女传》中记载，赵娥的父亲赵安为李寿所杀，他的三个兄弟都想报仇，但皆遭疫而病死，赵娥志在报仇。她仇杀李寿后自首，县官尹嘉同情她，"解印绶纵之"，打算弃官逃走。但赵娥不肯逃跑，大义凛然道："枉法逃死，非妾本心，今仇已雪，死则妾分。"此案发生在灵帝光和二年，也即公元 179 年，可见当时法律对复仇杀人，已不能网开一面。法官不忍治其罪，只得弃官。

法律不容私自报仇，但复仇仍然在历史上不断上演，许多人宁可坐牢杀头，绝不因怕死而家仇不报。以笔者之陋见，这当中应当有很复杂的文化原因，在人类文化基因里，似乎就存在报仇的因子，古今中外，概莫如是。莎士比亚的戏剧《哈姆雷特》，可以作为例证。在我们的文化里，也有"君子报仇，十年不晚"之说；"父仇不共戴天"，杀父之仇，不去报仇雪恨，似乎也就成了前述的澳洲土人；另外的浅见是，我们传统社会的礼与法之间，往往就是一本糊涂账，复仇被视为"道义"之举，不但会得到民意的支持，司法往往还会法外施仁。复仇而可以不死，事实上助长了复仇之风。张扣扣案，民间多有不杀之声，皆站在"道义"的立场。

正是因为复仇成为一种社会观念，亲属复仇的案件，才会不断上演。只是在文明社会，基于国家要维护社会秩序，已不能容忍同态复仇行为的发生。出现复仇案件，最多只会在对行为人定罪量刑时，考量被害人是否存在过错而已。但我们必须直面的残酷事实是，法律作用的有限性，法律并不能解决所有社会问题。

由此而论，人类复仇的悲情故事，还会继续上演。

12 裁判者的智慧

所罗门王审理一起命案：两个妇女争夺一个婴儿，双方争执不下，她们去找所罗门王裁判。所罗门王下令，把孩子劈成两半，一人一半。一个“母亲”说，太公平了！而另一位则说，我不要孩子了，不要把他劈了！所罗门王立即判断出，谁是真正的母亲。

这个故事说明，在没有直接证据的情况下，所罗门王凭借自己的智慧，让善良和邪恶昭然若揭，维护了个案的正义。此故事后来常被世人所引述，借以赞扬司法者的智慧。笔者在此，同样也是要强调这一主题。法律作为一门公平与善良的艺术，如果法律人缺少智慧，不论身为法官还是律师，都注定成不了气候。——我这样说，不是在批评他人，而是大有自我鞭策之意。

有一种说辞：法官老的好，律师少的俏，此言大有深意。美国最高法院的大法官，长期为一帮老头老太所占据，不是没有道理。老人们倚老卖老，会教训年轻后生：“我吃过的盐，比你吃过的饭还多！我走过的桥，比你走过的路还长！”牛皮哄哄的原因，正在于经验之丰富。当然仅有经验尚不够，大法官们经过岁月的历练，知识已升华为智慧，他们不仅具有丰富的经验，更有令人惊叹的智慧，故即便有某些判决，结论尚存争议，但因他们有公信力，也足以服众。

但到我们这里，现实却变成法官年轻的俏，案件大都由年轻法官办理。让年轻的法官审理案件，并非全不对，但许多疑难案件，年轻人嘴上无毛，办事不牢，往往会出纰漏。本埠曾出现的“彭宇案”，就是年轻法官闯的祸。在此，我并非要再来指责该承办人。其实，他也非常不幸，——据说早被调离法院系统，大好前程，一案勾销。我引述此例，意在说明，年轻人的世界观、价值观尚未定型，他们能做法官，已是制度之弊，再让他们承办争议巨大的案件，风险不可估量。笔者也曾就重庆“打黑”期间的某案发表过浅见，认为让年轻的公诉人上台，与律界老手过招，以至于黔驴技穷，抛出被告人“嫖娼”之论，真是一出很烂的败笔戏。——这些都是血的教训，不是年轻人学识不行，而是他们火候还没到，还得假以时日。有胆无识，或曰是有知识而无大智慧，糟蹋了法律的世纪大戏，并不在意料之外。

行文至此，读者可能会问，笔者所言的裁判者的智慧，到底是什么？是法律知识，是逻辑，还是裁判者的人生与职业的经验？当然，法律知识、逻辑的重要性，对法律人而言不言而喻，但最重要的，还在于裁判者的人生阅历与执业经验。笔者所涉法律职业越久，愈加体会到霍姆斯大法官的金玉良言：“法律的生命，不在于逻辑，而在于经验。”

所罗门国王裁判案件时，尚无科学技术可以作出亲子鉴定结论，否则认定案件事实，也就不成为难题，但国王能以出众的智慧，对事实作出正确的判断。由是而言，智慧（法律知识、逻辑以及生活的经验）对于司法这门艺术而言，是何等地重要。法律人的道路，可谓任重而道远。

13 法律也要保护“败类”

费孝通先生的《乡土中国》，其中《无讼》一文，可谓经典。文中有一则故事，颇有意味。说有一位兼司法官的县长，向先生谈到过很多这种事例：有个人因妻子偷了汉子打伤了奸夫，在乡下这是理直气壮的。但和奸没有罪，何况又没有证据，殴伤却有罪。那位县长问先生，他怎么判好呢？

费孝通先生没有直接回答这个问题，但他在下文中，却有着这样一段议论：“他更明白，如果是善良的乡下人，自己做了错事绝不会到衙门里来的。这些凭借一点法律知识的败类，却会在乡间为非作恶起来，法律还要去保护他……现行的司法制度在乡间发生了很特殊的副作用，它破坏了原有的礼治秩序，但并不能有效地建立起法治秩序。”到文章最后，费孝通先生才给出了药方，认为司法秩序的建立，需要在社会结构和思想观念上，先有一番改革。

现在再读这段文字，对费孝通先生的议论，感触颇多。费先生眼光之犀利，把握问题之精准，实在让人叹服。但从字里行间，我们似乎还能读出异样的情绪来，那就是连费孝通先生也觉得，凭借一点法律知识在乡下兴讼的是“败类”，是在为非作恶，法律还要保护他们，简直就是法律的错误了。所以，“现行的司法制度在乡间发生了很特殊的副作用”。

这种阅读的感受，使笔者联想起我们曾争议的贪官名誉权官司。贪官是否应当享有名誉权，曾一时间成了争论的热点问题，连民法界的学者也站出来说话，似乎是说这种官司，法院判决支持不能成立云云。这则事例与费孝通先生文中的事例，在笔者看来，有着异曲同工之妙。法律保护了在民众看来是“坏人”抑或“败类”者的权利，这种判决的后果仿佛依然还是，“司法处在乡下人眼光中成了一个包庇作恶的机构了”。难道又是法律出了错？

在乡土社会当中，对“坏人”“败类”的评判，人们习惯于采用道德审判的方式，某人一旦成了坏蛋，他可能就是个十恶不赦的家伙，一坏百坏，他会永远坏下去，永世都不得翻身。在礼法不分的时代里，这是合乎逻辑的，故而保护“坏人”“败类”的权利，当然不能相容于世人。现在社会上许多刑满释放人员，不能为我们的社会所接受，在就业、生活上受到歧视，根子上的原因可能就在于此；贪官名誉权不受保护之论，应当也是这种观念在作怪。

我们尚缺少现代的法治观念，认为守法的人就是合格的公民，不守法的人应当依法予以处罚，但即使此人罪不可赦，他自身的权利仍受法律保护。我们仍习惯于采用传统的好与坏的方式，给人来分类与定性，“坏人”与“败类”是罪人，当然就是不能享有权利的，他们对社会只能承担义务。“败类”虽然生活在当下，却不是完全意义上享有权利、承担义务的现代人，一旦法律保护了他们的权益，就会触了众怒。

妻子偷人，丈夫殴伤奸夫，这类传统社会中生活插曲，之所以不容于现代法律，即在于现代法治社会已将法律归法律、道德归道德，两者虽非泾渭分明，但必须予以严格区分。违反道德（偷人）所承担的法律责任，与故意伤害（殴伤奸夫）所产生的法律责任，应当区别对待，从而依法分出是非曲直。

这样说来，尽可能地剔除掉“礼”与法治相悖的内容，以现代法治的精神来对待“败类”，乡土社会中这些“坏人”倒值得称许的，他们的权利也理应受到法律的保护。因为，诚如费孝通先生所言：“在理论上，这是好现象，因为这样才能破坏原有的乡土社会的传统，使中国走上现代化的道路。”

14 公正背后的效率及法理

在薛兆丰《经济学讲义》中，读到这样一则故事：

这是发生在美国的真实案例：1869 年 4 月 6 日，原告请两位帮工，到马路上去捡马粪。从晚上 6:00 干到晚上 8:00，帮工在马路上共堆了 18 堆马粪。因为太多无法及时运走，帮工打算回去取车，准备第二天来运，但他们没有做任何标记。第二天早上，被告看到这些马粪，就问附近巡逻的人，这些马粪有没有主人？巡逻的人说他也不知道。被告觉得，这些马粪没有标记，也没有主人，就把马粪运回去，撒到自己的田里。到了中午，两位帮工带车过来，发现马粪没了，一问之下才知道，马粪被被告拿走。于是，双方发生争执，闹上法庭。

法庭之上，双方针锋相对。就此案，产生以下几种观点：一是“溯源说”。马粪来源于马，因而可以进一步说，马粪属于马的主人。但问题是，马主人已经把马粪丢在路上，放弃对马粪的所有权。二是“位置说”。被告主张马粪被丢到马路上，成为马路的一部分，而马路是公家的，谁见了都可以拿走。原告让帮工把马粪堆起来，只是改变马粪所在的位置，没有改变它的所有权，马粪并不归原告所有。三是“标记说”。有人主张，关键要看原告有没有给马粪做标记。如果没有做标记，那就不能怪被告把马粪运走。四是“劳动说”。原告坚持认为，是帮工们花费工夫，才把马粪堆积起来，马粪应该归原告所有。

初看以上各种观点，好像都有点道理，但哪种观点应予支持呢？如果你是法官，会把马粪判给谁？因为案件发生在100多年前，当时美国并没有先例判决，又不能从成文法国家找到相应法律依据。办理此案，颇为棘手。事实上，一点马粪的价值，对谁似乎都并不重要，但案子如何裁判，以及裁判会产生什么样的社会影响，才至关重要。

薛兆丰先生就此作出以下分析：我们可以设想一下，如果有两个村子都发生了此案件。唯一不同的是，第一个村子，法官把马粪判给了原告，也就是堆积马粪的人。第二个村子，把马粪判给了被告，也就是那个看见马粪顺手牵羊的人。这两个村子，过了50年、100年以后，会发生怎样的变化？

在第一个村子里，把马粪判给创造财富的人，那么村民就会有这样的预期：凡是经过人类劳动的成果，都是财富；凡是财富，就都有主人，有主人的财富，都会受到法律保护。要尊重别人的财富，不能见到就拿走。人们有了这样的共识，共识又会变成传统，那么在这个村子里，人们就不用花很大的功夫，去保护自己的财富，他们因此也会更积极地去创造和积累财富，50年或100年以后，这个村子就会变得富足。

而在另一个村子，法官把马粪判给了被告。那么村民就会形成另外一种预期：只要没人看管的东西，就可以随便拿走。结果顺手牵羊的行为，就会大增。有产者放在看管财富上的投入就会变大，大到可能足以抵消财富本身的价值（马粪并不值钱）。人们不仅会丧失创造和积累财富的积极性，即便创造和积累的财富，其价值也会被保护财富的努力所抵消。50年、

100 年以后，这个村子就会走向贫困。

薛兆丰先生的评判，主要是基于经济学的公正和效率关系。尊重别人的财富，不能见利忘义，不能顺手牵羊，这是一种普世的公正观。在这种公正观的背后，却有着效率的考量。保护产权的努力，是会消耗资源的，这种消耗越大，资源的净值就会越低。社会的道德规范，越是能帮助降低这种消耗，社会财富的积累就会越多。马粪案的法官，把马粪判给了原告。从经济学的角度来看，此判决结论，意味深长。

我们再从法律的角度，来评判此案。《德国民法典》第 958 条规定，自主占有无主动产的人，取得物的所有权。另外，《日本民法典》第 239 条也规定，以所有的意思占有无所有权人的动产，而取得其所有权。因此，对照现代成文法的规定，再来梳理案件事实，好像问题并不复杂：马主人把马粪丢在路上，放弃对马粪的所有权。原告安排帮工把马粪堆起来，是以所有人的意思，占有无所有权人的动产，因而原告取得马粪的所有权。但如前所述，此案发生在 100 多年前，法官将马粪判给原告，从专业角度来看，十分了得。

笔者甚至认为，虽然当时并无价值判断和利益衡量的法律解释与适用的规则，但法官将马粪判决归于原告时，可能已充分考量保护谁的利益，才符合社会主流价值观的问题。在对鼓励创造财富，还是鼓励对财富顺手牵羊的问题上，法律显然要保护前者。

15 联邦最高法院如何拔掉“钉子户”

2005 年，美国发生一起著名的案件——“基洛诉新伦敦市政府”（kelo v. city of New London,2005）。在此案件当中，有一家著名的制药公司——辉瑞公司，想要征一块地来修建研发中心。它说建成这个研发中心后，能够雇用更多工人，帮助政府解决就业的问题。同时，也可以向政府多缴税费。

但在这块地上，有一户人家，户主叫基洛，她非常喜欢自己的房子，不愿意卖给辉瑞公司，但政府还是要霸王硬上弓，于是她就把帮辉瑞公司征地的政府告上法庭。此案一直打到美国联邦最高法院，联邦最高法院最后以 5∶4 的比例，判决基洛败诉。基洛的房子，随后被夷为平地。

在这个案件中，联邦最高法院代表大多数法官意见的约翰·保罗·斯蒂文斯（John Paul Stevens）大法官说：“基洛想要法院提供一个明确的边界，清楚地解释什么是公共用途。但是我们都知道，政府一直在致力于推动经济的发展，而有时征用私人土地，能够很好地促进经济的发展。我们决定，故意不给出公共用途的明确定义，让这个界限变得模糊，以便政府有足够的灵活度，决定哪些做法对经济和城市的发展更有好处。”

他继续说：“政府不能随便把私人的资产拿给另外一个私人，哪怕补偿足够多，也不能这么做。但是，只要是为了公共用途，政府就可以把私人的资产拿给另外一个私人，只要有公平的补偿。”

对于这个案件，少数派法官桑特拉·戴·奥康纳（Sandra Day O’Connnor），写了一篇义正词严的反对意见，奥康纳说，此案这么判以后，政府就可以随意地，把一个私人的财产交给另外一个私人。一旦有了这个先例，将来的结果可不是随机的，肯定是那些更有权势的人或机构——如大公司、大的地产开发商，更有可能抢夺到别人的土地，而美国最早的立国者，是不希望出现这样的情况的。

以笔者浅见，此案最有意味的部分，应在于联邦最高法院判决的理由中，对何为公共用途，故意不给出具体定义，而明确把解释的权力让渡给政府，这是非常值得深思的问题。另外一点，值得肯定的是，在强调私权神圣的社会，联邦最高法院并没有以私有财产神圣，简单地保障原告的权利，其从保护经济社会发展的角度，限制了个人财产的权利。这种裁判的价值取向，对我们这个急速发展的国家有着非常重要的启发。

据了解，香港特区对私有产权的保护，同样也非常有力，但特区政府仍保留有征地的权力。特区政府制定《强制销售条例》，目的就是帮助开发商解决征地问题。根据《强制销售条例》，只要不可分割的物业 90% 以上的所有者同意出售，那么剩下的 10% 的业主就必须出售其土地和相应的物业。2010 年，此条例规定的比例从 90% 下调到 80%，当然这里面还加了一条，政府要进行这种征收，必须经过特区行政长官的批准。

由上可以看出，在私有产权与政府征地权之间，如何取得平衡，这是问题的关键。现在看来，对于私有产权的保护，如果一味强调“风能进，雨能进，国王不能进”，也就无法与征地权取得平衡。职是之故，必须有一个强大的、具有公信力的权威司法裁判机构，来对争议双方的利益作出平衡。

基洛一案，联邦最高法院虽判决原告败诉，但也仅限于房子搬与不搬的问题，在公平补偿的问题上，法律绝不会缺席。同时，正是因为联邦最高法院的公信力，保证了该案件的裁判，即便看起来非同一般的“任性”，仍不失为“著名”的个案。

（二）写作训练

01 文书写作的重要性

一、律师必须注重写作

写其实要比说重要，不管口头表达如何强，如果写作能力短缺，也很难做好律师职业。

为什么说写比说重要？卡夫卡有句俏皮话：嘴巴离脑袋近，手离脑袋远些，说要比写容易。作为执业方法，必须捡难的事情去做。另外，写作会让人精确，所谓精确，就是通过写作，来整理思路，把问题弄清楚、说明白。写作可以作为训练的方法，如果能长期坚持，则可以训练律师的思维，提升执业能力。

据我观察，律师界较出色的同行，大多是写文字的好手。像做建筑工程的朱树英律师，除了写报头文章，已经出版多本专业书。这些典型的律师代表，无不是写作的行家里手。他们往往通过一篇法律文书，一举成名天下知，从此一发不可收拾。由此可见，写作之于法律人，重要性不可等闲视之。

就文书写作而言，本人习惯是，在与不熟悉的客户打交道，或者在遇到比较复杂的案件时，常会用法律文书的方式，来传递对案件的意见。另外，我代理的每一起案件，都坚持写法律文书。诉讼案件的代理词，必须每案必写，即便案件看起来简单，也要养成习惯，在庭前将代理词做好，如果开庭时发现须调整，退庭后第一时间重写，再寄给裁判机构。民事诉状、民事上诉状、法律意见书的书写，是民商事律师每天必做的功课。而且，我的执业习惯是，定稿的法律文书，多会提供给客户，哪怕只是电子档。此举说是为了听客户的意见，其实也是在展示自己的工作成果。

从另一方面来理解，律师应该有信心，将自己的文字公诸于众。拿出来的东西，不但形式上要符合标准，内容含金量也得很高，这也是一种营销的方法。律师核心的竞争力，应取决于服务的质量，写作的一项非常重要功能，即在于可以展示法律人的才学，是建设律师形象工程重要的一面。

对于其他法律职业，写作同样重要。体制内的“笔杆子”，总会占得先机，这是有目共睹的事实。体制内文书种类繁多，以法院为例，写好裁判文书，重要性不言而喻。

二、专业化标准的要求

现在律师圈，专业化是一个热词。文书写作之所以重要，即在于保证写出优秀的法律文书，乃是专业化标准的要求。比如，你作为职业篮球选手，你的一招一式，还不如业余选手专业，你的职业前途何在，就是值得怀疑的问题。对拿出去的文书，最起码的要求是：

1. 不能有低级错误，如文字、标点符号不得有误，语句必须通顺，排版上不能让人看起来像是菜鸟。

2. 行文一定要有章法，逻辑思维一定要清楚，不能跑题、偏题，不能行文不得要领。

3. 写代理词与上诉状时，一定要有理有据，所谓“理”就是法条、法理；所谓“据”就是证据。让证据说话，不能言之无物。

4. 在制作法律文书时，不仅内容要精益求精，形式上也要装帧得美观大方。法律文书原则上要做装帧，代理合同也要用硬封加压边条，如果证据材料多的话，须拿到文印店胶装。

之所以要有以上的要求，因为专业人士本该如此，专业人士反对马马虎虎做事。律师必须确立自己的工作标准，要以专业化的形象示人。

三、保证办案质量的重要方法

就方法论的角度而言，文书写作是保证办案质量的重要方法。我们只有认真研究案件，将研究成果落在纸上（这种笨办法的好处在于，能迫使我们坐下来，研究案件，遴选证据材料，探析法律关系），才可能将案件做得漂亮，也才能够通过厚积薄发，成为专业的律师。

我刚入行的时候，在一家律所执业，事务所的硬性要求是，庭前一定要有书面代理词或辩护词，否则事务所不出具出庭证。好习惯的养成需要环境，更需要个人坚持。如果你所在的执业机构，没有这种要求，可以给自己设置门槛，把它培养成工作习惯。有人说，优秀是一种习惯，可反过来说，好的习惯就像一匹骏马，骑上它就会跑得比别人更快、更远。

赢得诉讼的方法，是要在庭前发奋地工作。这些工作中，最重要的就是整理案件资料，写法律文书。不去研究案情，不坐下认真写法律文书，案件质量无法保证。

胡适先生说，要想让思考成为你自己的，最好的办法就是形成文章。写作的重要性，怎么强调都不为过，律师必须将写作作为执业的训练，长年累月地坚持下去。

02 写作是更好的思考

《傅雷家书》中，提及先生要傅聪多写信，说通信可以训练文笔与思想。先生言：“你不是一个作家，从单纯的职业观点来看，固无须训练你的文笔。但除了多写之外，以你现在的环境，怎么能训练你的思想、你的理智、你的intellect（才智）呢？”

傅聪是钢琴演奏家，傅雷先生期望其兼做教育家，故提出在思想、理智方面，仍需要长期的训练。书写，在傅雷先生看来，成了训练思想的不二手段。

胡适先生，在其留学日记的序文中说：“我从自己经验里得到一个道理，曾用英文写出来：Expression is the most effective means of appropriating impressions. 译成中文：要使你所得印象变成你自己的，最有效的法子是记录或表现成文章。”并说：“这种工作是求知识学问的一种帮助，也是思想的一种帮助。”

以上两位名家，分别提及写作对于训练思想的重要性，看来此论大致不谬。但为什么说，书写对于思想的训练如此重要，它对职业的帮助何在，此类问题都值得深究。

在我看来，要表达一个意见，或者解决某个问题，清晰的思路至关重要。而不断地写作，成为整理思想很好的手段。因为你要阐述清楚，就得有逻辑地表达。当然，遣词造句，也非常重要。逻辑思维的方法，成为职业习惯后，这反过来又成为写作的方法，对职业的益处无须多言。

文字训练，在表达清楚的基础上，还要求有深度与广度。深度是有观点、有新意，广度则要有视野、有格局。这对于任何职业，都是更高的要求。故从这个角度而言，写作都是更好的思考。写作必须深思熟虑，才可能有观点；又必须放眼读书，才能有启发，也才可能有视野与格局。由是而论，多写与多读，成为孪生兄弟。

此外，在互联网时代，写作之于思考，另外的益外就在于获得反馈。将文章放在网上，放到朋友圈里，总会收获到反馈意见。这种互动，不只是褒奖，还会有各类的批评。其实，诚心而论，批评才是最有益的。人的局限性在于，不借助于他人，我们很难看到自己的短处。我们目光所及，总是自己爱看的，对不喜欢的，要么忽视之，要么无视之。批评会带来思考，会产生对问题更深层次的探究。这种反馈带来的思考，对思维的训练，是一种逆向的推动，价值不可轻视。

哈佛大学教授、名律师德肖维茨先生说："现如今，我几乎每天都在写作，每年都会出版一本书。我觉得有必要尽可能广泛地与他人分享我的思想……从针对我的作品的批评中，我学到了很多。"

——还有什么样的见解，可以如此精准地说明写作是更好的思考，这一命题呢？

03 文书写作的价值

谈法律文书写作的价值，至少可以从以下三个层面展开。

一、文书写作体现专业水平

比如代理词、辩护词等，可直接展示律师的水平。网络上多有精彩的辩词，这些范文，其文本样式得学，其论证方法、专业理论，也值得学习。一篇优秀的文书，理论不可或缺，水平之高下，有无理论高度是关键。

可仅有理论还不够，文书体现作者的综合素养，如行文逻辑、语言水平、文字风格。很难想象，一个理论水平高，但文字拙劣的律师，能写出优秀的文书；也不敢妄言，一个人文字语言能力差，能成为优秀的律师。古人说，文如其人。写出来的文字，展示的是人的风格。文字总归骗不了人。

许多律师的文书，仅从形式来看，还有提高之必要，如排版没有章法，外观毫无美感。这类问题好像只是态度问题，但实际上也体现出专业水平。水平与态度，是表与里的关系，没有水平，态度也是原因；态度再好，水平不够，还得继续提升。

二、文书写作促使专业精深

明白专业水平之重要性，可如何提升？依愚之见，律师必须通过写作，以培养研究案件的好习惯，此举可以保证专业不断精进。逢案必写，是最基本的要求，即便系简单案件，也必须写，这是方法的训练。有案必写，就像早起出门前洗脸刷牙一样，养成习惯就好。如此坚持下来，业务才会精深，专业才有保证。

写作可以培养问题意识，有问题意识，则能促使专业的提升。因为有了问题，就得找答案，必须着手找法条、找法理、收集资料。通过这种训练，会提高思考的能力，养成勤勉的工作习惯。收集的资料多了，研究会更加深入。研究越深入，思考越深刻，专业能力必然不断提升，这样形成良性循环，产生迭代效应。

三、文书写作与品牌营销

法律文书就像法律人的门面，如果门面太寒碜，拿出去难免会掉价。说得刻薄点，如果提交的代理词，水准太差，不要指望法官会给你好脸色；交给客户的法律文件，若是逻辑混乱、观点似是而非，谁会把身家性命托付给你？我等在市场谋生之律师，法律文书就是广告，认识不到这一点，危矣！

职是之故，文书写作必须保证：一是一定要有创造力。缺少创造力，是非常严重的问题。我等律师，最好活得像头牛，不断耕耘，不断创造，做出产品，包装上市，待价而沽。二是要有干货。买家都是火眼金睛，你的法律产品，含金量如何，客户定然心知肚明，故必须拿出干货、硬核货，抢占市场。三是一定要明白你卖的不是法律产品，而是你自己，故要有品牌意识。写出什么样的法律文书，基本上就可以决定，律师在法律市场上的身价，此论大致不谬。

以上所述，皆为一家之言。知我罪我，概不由我。

04 写作式的营销

《写作是最好的自我投资》一书，作者言其通过写作，实现财富自由，跨入职业通途的心得。此书虽无高深理论，却处处是非同一般的见识。对于法律工作者来说，此书亦不无借鉴意义。

按作者观点，养成写作的好习惯，对于职场人士而论，最起码有以下三点价值：

一是可以用来打发碎片化的时间。当然，有人会说，闲下来可以玩手机、看电视，甚至可以找同好玩纸牌、打麻将，时间还不够用呢，何来用写作打发时间之说？倘若如此，确实没有必要用码字来折腾自己。但对于法律人，除了正常的娱乐之外，码字也不失为打发时间的好办法。

二是写作可以让人摆脱肤浅。胡适先生说，要想让你的思考成为自己的，最好的方式就是表现成文字。我的理解是，文章写下来可能会形成见解，要有见解必须深入地思考。人一旦有了思考，就有可能去深入探究问题，由此摆脱见解的肤浅，也就顺理成章。

作者的意见，说世俗与低级是两种概念，人可以世俗，但最好不要低级。写作并不见得让人变得高尚起来，但可以“让人走进内涵，走向思考，走向深刻和高级”。

依我所见，即便写作不能让人摆脱肤浅，至少它能让人看到，这是在努力走出肤浅。至于能否让人变得深刻与高尚，那就要看个人的造化了。

三是写作是这个时代最好的自我投资。这也是作者的一家之言，我觉得可以商榷，要是换成“写作是这个时代最好的自我营销方式之一”，可能更接近大众的见解。当然，我们可以认为该结论，只是作者本人的体会，对于他人不一定切合罢。可我完全同意作者这样的观点：“这波互联网发展的浪潮，尤其是移动互联网革命，真正在释放了个人的能量与才华，使得这个时代成为成就个人品牌的时代。只要你有好观点、专业、内容，就有可能被全世界看到你的才华。”

为什么在互联网时代，写作会有如此的功效呢？作者接下来给出的解读是：“如果你是做销售的，你每天见客户，一年顶多也就见几千人；但是如果你写作，可能当天晚上就有几千人阅读，你一晚上的曝光量，抵得上别人一年的辛苦，完全不是一个量级的竞争，这不是分分钟碾压同行吗？”书读至此，该书余下的内容，基本上就可以忽略不计，作者已经清楚地告诉了读者，写作营销的真谛，即在于借助互联网秒速传播的力量，放大个人品牌的影响力。古话说，酒香不怕巷子深，现在可以加上一句，勿忘还有互联网。

行文至此，读者诸君应当可以看出，我为何要在此介绍此书了。——这本书其实道出营销学中最重要的方法，即写作对于品牌营销的价值。对于我们法律服务者而言，此论也是完全切合的，前文中所提及的麦肯锡公司，也是将写作当作重要的营销手段，这就是我一再反复强调写作重要性的缘由。对此，我还会继续在下文中展开评述。

05 培养写作的习惯

专业的法律工作者，必须通过写作，来强化专业的形象，以期实现专业突破，乃至于行专业营销之实。

在各类业务培训会议上，我总是会建议年轻人，尝试加强写作训练，并通过互联网，进行专业化的营销。此举毫无新意，但却值得年轻人一搏。因为假如你真有一肚子的墨水，为何不去横溢才华？假如你真做出不凡的业绩，为何不在第一时间写出来，以便广而告之？广告学里有句经典台词，说，假如你捕到了一条大鱼，不管是清蒸还是红烧，都必须趁热端上来。端上来之后，大家才会看到这条鱼到底有多么大，有多么鲜美，也才会注意到你这个渔夫啊。

培根先生说，阅读使人充实，会谈使人敏捷，写作与笔记使人精确。此论真乃高见。我们法律实务工作者，最为人所忌的就是夸夸其谈，“以是为非，以非为是，是非无度，而可与不可日变”。按通俗的说法，此人就是一个耍嘴皮子的。我乡下的父亲曾认为，本人不适合做律师职业，因为在他老人家眼里，我原本就不会“耍嘴皮子”。我辞别公门前，曾认真开导他老人家，律师并非口吐莲花、巧舌如簧之徒。再说，您家儿子说是不大灵光，但还可以写啊？写作才是王道，因为写作会让人学会精确。每一个字打出来，每一篇法律文书写出来，都必须“大胆假设，小心求证”，以便让自己的观点、意见站得住脚，让别人能够信服。

为了做到让人心悦诚服，写作之前必须收集资料。我正告团队的年轻人，收集资料得有“竭泽而渔”的精神。否则，律师写不出什么好文章。即便写出来，也因为没有资料做支撑，文章终究是站不住脚的。胡适先生说，有几份证据，说几分话，便是这个道理。假如掌握的资料不够，对问题的认识，就可能出现偏颇，可能只见其一，不见其二。另外，坚持言出有据的方法，也会养成“不苟且”的工作习惯，学会老老实实地做案头，办案作风才会扎实。

从方法论的角度再言之，写作是更好的思考方式，也是业务精进最重要的方法。写下来才会印象深刻，写下来反而又会成为自己的资料。现在我到外面开讲座，谈到某类问题，如果就此我曾研究过，想到就能信手拈来，讲起来毫不费力。另外，就某类专业问题，长期予以关注、研究、表达，从量变到质变，此乃专业化的必由之路。

最后，也是最重要的一点，必须再行强调，我等律师，写作乃专业营销的重要手段。诚如《麦肯锡方法》所言，专业机构的人员很少通过推销获得业务，但麦肯锡却做足了营销。我现在手上的部分客户资源，就是直接或间接通过专业写作，坚持专业营销获取的。有客户遇上问题无正解，看到我写的专业文章后，主动与我联系，双方一拍即合，便成为合作伙伴；更多的情况，正是通过多年的写作，加深客户对律师的专业印象，在一定范围形成口碑。老客户带来新客户，这是律师业务开拓最稳健的模式。

如此说来，为什么要写作，于我等律师而言，谈的多是为了稻粱之谋。可对一介凡夫俗子而言，修身与齐家，才是正经事。

06 律师该如何写作

一、功夫在诗外

要将法律文书写好，并非一朝一夕之功，而是需要长年的积累，厚积薄发，才可能有所收获。文字是基本功，必须要坚持多写，才能写好。但很重要的一面，还在于要多读。只写不读也不能写好，只读不多写，语言也无法打通。

胡适先生说，好文章的标准是要通、要有力量、要有美。所谓通，就是通达，要把作者的意思清楚地表达出来，让读的人明白文章的主旨，套用到法律文书写作上来，就是要表达什么样的观点，要解决什么样的问题，都必须旗帜鲜明，否则无法得到说服他人的目的；文章要有力量，主要指文章的说服力。法律文书的写作，必须围绕事实，正确适用法律，给出有力的意见，从而引导裁判者正确适用法律。文章要有美，不是指辞藻美，当然文笔好也是得分的，最主要的还在于文章有力量，让人读后如沐春风。

如何才能保证文章有力量？必须要摆事实、讲道理，逻辑严密。好的法律文书，事实上也有这种功效，我经常关注法院的裁判文书，其中有部分的文书，说理部分像是在剥洋葱，层层叠叠，直至问题的核心，读后令人赏心悦目。寻找这些优秀的裁判文书研读，对我们写法律文书大有裨益。

能写出好的文书，文字功底一定要好，逻辑思维能力一定要强，要达到此种境界，必须建立在多读的基础之上。读书要无禁区。法律人一定广泛涉猎各类好书，而不能只读法律，杂读可以开阔眼界，写文章时可以旁征博引，文章才能有气度。法律人应当坚持多读历史，多读经典的文学名著。假以时日，对职业能力的提高，大有裨益。

二、写作的训练方法

法律人经常要处理各类公文，这当然是写作训练，但仅作公文写作的训练，还远远不够。我的经验是，除了工作中的写作训练，平时也必须找机会，不断地写文章。

律师代理的案件，出现争议的问题，代理词往往还不能写透彻，可以将争议的问题拎出来，写成专业的小论文。结合自己手头上的案例，进行写作训练，这是非常好的方法，因为有问题、有材料，再找一些资料，一篇小文章就可以整理出来。我现在在办案之余，经常会将专业领域内涉及的争议整理成文章，因为有现成的问题与材料，写起来并不难，关键要有这种想法，然后养成习惯。

为说明上述的方法，本文随后附上一篇案例（见实例二）分析作为例证，来说明结合真实案例写作的方法，此举也是深入研究案件的重要方法。

关于论文写作的方法，江苏省委党校刘大生教授，总结出“张三说、李四说、我认为”的写作模式，这是非常有洞见的意见。当然怎么写论文这是题外话，但希望读者能记住。

另外，写作的素材问题。有人说我也想写东西，但不知道写什么啊。其实法律人只要养成写作的习惯，素材应该是很非富的，如前所述，律师手上的案件就是最好的素材。写作必须写自己熟悉的话题，否则是写不好的。许多法律人后来转行成为作家，原因即在于此。手上有货，但必须养成习惯，否则再好的干货，最后也会烂在肚子里。

至于写什么的问题，法律人除了写文书，还可以通过写其他类别文章，来训练自己，将语言打通。律师如果能写其他的文章，诸如论文、时评文章，法律文书的写作，也就不会太难。本人通过多年的训练，终于养成了写东西的习惯。虽然平时工作很忙，但也坚持写专业小文章、读书笔记，甚至一些闲情散文等，这些都是很好的写作训练，目的就在于要将文字打通，能清楚精确地表达自己的观点。此外，我每次去学校、律协等其他机构开讲座，都坚持把讲座内容写成稿件，这也是一种很好的训练。培根说，写作与笔记使人精确。白纸黑字，不可儿戏！这样做，一来有备无患，同时也是为了时时警醒自己，一定要写些干货。

总之，文字的训练，对法律人而言，是一辈子的功课。对律师而言，在职业之路上要走得更远，写与说的能力，都必须炼得炉火纯青。选择法律职业，意味着选择的是一条艰辛之路，但山路崎岖，是为了让我们看到更美的风景。

[实例]

习惯在民事裁判中的价值

《民法总则》第10条规定："处理民事纠纷，应当依照法律；法律没有规定的，可以适用习惯，但是不得违背公序良俗。"此规定明确了民事习惯的法律地位。

民事纠纷，尤其涉及家事纠纷，因当事人之间特殊的身份关系，证据材料往往严重不足，导致案件事实往往扑朔迷离。如何查清案件事实，正确适用法律，以便定分止争，笔者以为要充分考量习惯在民事裁判中的重要价值。本文试从一则家庭财产纠纷案件展开，对此作以研析。

一、基本案情

A与B于2007年5月协议离婚，双方在离婚协议中约定，A持有的某公司的股本金若干元，作为两人婚生子女C的培养资金，以后分红所得红利归C所有。当事人离婚时C为在校学生，年满16周岁，2012年C大学毕业参加工作，A止付股本金红利。2018年6月，C起诉A主张股本金归其所有，并主张2012~2017年的股本分红80余万元。问题：C的主张是否应予支持？

二、什么是习惯法

我国台湾地区“民法典”第1条规定：“民事，‘法律’所未规定者，依习惯；无习惯者，依法理。”王泽鉴先生言，此规定具有三个重要的规范意义：一是规定了民事的法源及其适用次序，也即有法律规定按法律；没有法律规定，可以依据习惯法处理；没有习惯法，可以依据法理。二是从方法论角度言之，肯定制定法存在漏洞，可以习惯或法理来补充。三是当事人基于私法关系起诉，法院不得以法无明文规定而拒绝裁判。

何为习惯法？通说是指非由立法而制定，而是通过法律共同体成员的长期实践，并且对其已形成法律效力之信念的法律。根据罗马法的传统，习惯而成法，须具备三项要件：一是长期稳定的习惯；二是普遍的确信；三是不得违反公序良俗，观念上以其为具有法律拘束力之规范。[1]

三、习惯法在民事裁判中的价值

（一）作为认定案件事实的方法

由于约定不明或者无直接证据导致案件事实的真伪不明，是裁判者最棘手的问题。当然，依据程序法的规定，在案件事实真伪不明的情况下，可以采用举证责任分配的方式，由举证不能的一方承担责任。但民事案件的难处可能还在于，举证责任的分配往往也不清楚，法律又无具体规定，法官在无

1 朱庆育：《民法总论》，北京大学出版社2016年版，第40页。

明确法律依据下，贸然分配举证责任，往往会直接导致有举证责任的一方败诉。

如上述案件，将签订离婚协议当时当事人真实意思的举证责任分配给被告，在案件第三人（被告前妻）与其说辞完全相反的情况之下，如何采信证据，便又成为难题。如果认定被告举证不能，判其败诉，可能导致原告在案件事实真伪不明之下，获取了巨大利益。故对于民事纠纷中习惯法的运用，从方法论的角度而言，应当成为裁判者主动调查案件事实的工具。只有结合当事人提供的全案证据，再结合民事习惯，才能更清楚地发现案件真相。

（二）作为案件裁判的依据

在查清事实，或者在无法查清案件事实，却又必须裁判的情况下，习惯法的功能还在于可以直接作为裁判的依据。裁判者应当可以直接引用《民法总则》第 10 条之规定，对案件的纷争作出裁判。从这个角度而言，民事习惯法在司法裁判中的价值，已经超越仅限于对事实的认定，作为裁判依据，系其作为法源的重要价值体现。

在绍兴中院（2012）浙绍中终第 950 号民事判决书中，该院在对一起赡养案的裁判时，直接作出这样的认定："对于骨灰安葬问题，尽管法律无明文规定，按照民事法律适用原则，有法律依法律，无法律依民事习惯。虽祭奠权无法律明文规定，但仍应当按照民间的习惯进行保护。"[1]

四、基于习惯法的立场对上述案件争议的分析

本案中约定股本金分红作为培养资金，性质应当系附终止期限的赠与，终止期限为培养 C 大学毕业参加工作时止。理由如下：

其一，《离婚协议》第 1 条第 2 项中明确约定，该分红的使用目的是作为培养资金。按照文义理解，资金的目的在于"培养"C 接受良好教育；按习惯来解释，培养至多到完成全日制高等教育，到 C 参加工作时为止。

1 载 https://www.itslaw.com/detail?judgementId=6cebcb9f-8b3b-4d42-9e63-3912a5cafd3a&area=0&index=15&sortType=1&count=108&conditions=searchWord%2B民事习惯 %2B1%2B 民事习惯，最后访问日期：2019 年 12 月 1 日。

C 为了证明其现在还在继续接受教育，提供了多组证据，此举恰恰可以证明，C 亦认为股本金属于 A，其分得红利的前提是其还在接受教育，其主张教育是一辈子的事，可以继续主张股本金的分红，可见 C 事实上也认为培养费用是附期限的赠与，否则没有必要提供她仍在接受教育的证据。

其二，如果按照 C 的逻辑，A 持有的股本金只要存在，分红永久性地归 C 所有，不管年限多长，也不管 C 是否毕业、工作、成家甚至现在有了自己的子女。这种判决结论显然违背了正常的社会习惯，也违背了协议书确定的分红用于培养资金的目的。

其三，《离婚协议》显然没有明确红利的止付期限，但该约定显然已隐含给付期限，且已履行完毕。

从协议的履行情况来看，股本金的分红，2011 年前每年均由 C 领取（其参加工作前），有证据证明的即已达到 30 余万元。在此后长达 6 年的时间，C 从未向 A 主张要求分红，A 提供的微信截屏的内容，也可以证实该内容。故从实际履行情况来分析，也可以得出股本金红利作为培养资金，应当认定至 C 大学毕业参加工作时结束。

其四，关于红利是否应当存在止付期限，应以民事习惯来考察认定。

在 C 已经成家立业，A 已经完成对其抚养、教育义务，以及 A 在 2012 年后仍然给予物质资助的情况下，将其所有的股本金红利全部判决给付 C，这种价值导向，其实是在用司法裁判，变相鼓励“啃老”，显然与当下社会主流价值观不符。

将本案的“培养资金”解读为对子女永远的赠与付出，事实上不仅是对法律的错误理解，更是对民事习惯的公然挑战。所有参与本案诉讼的人员，作为社会的一分子，都知晓父母培养孩子的义务是否存在期限的问题。如果忽视这个问题，而机械理解“今后其派出的红利都归 C 所有”，就是子女可以向父母主张一辈子培养费，这种结论与情、与理、与法都不相容。

五、余论

日本民法学者山本敬三在《民法讲义Ⅰ》中言：不知道是幸还是不幸，即使将六法全书全部熟记于心，也绝不可能成为法律专家。理由至少有两点：一是法律解释不可避免，二是法律中存在缺漏。

回到本文所列的案件中来，法律并没有规定父母对子女的培养是否存在期限问题，但根据法律的解释，依据民事习惯法的考量，应当可以得出子女成年后，父母即可以终止培养义务的结论。

法谚，法律乃公平善良的艺术。由是而论，如何公平，何以善良，法律工作者仍任重道远。

07 写作这回事

斯蒂芬·金《写作这回事》[1]，是一本颇有趣味的好书。大作家在书中说："除了多读与多写，写作别无捷径。"这种平常之论，从斯蒂芬·金口中说出，多半会令人失望。因如我辈者流，多期望名家给出一服神丹妙药，服后一劳永逸，一举解决写作这门难题。

作为一名执业律师，对于写作的重要性，我已不厌其烦，唠叨几许；对于如何写，也略有所述。其中，对于法律文书的写作，我搬出了金字塔原理的写作利器。但对于写什么，实际上我还是做多说少，可读过斯蒂芬·金的大作后，想就此再给出一点浅见。

对于写什么，有求学经历者，多有不堪的记忆。许多时间，我们绞尽脑汁，却无从下笔，学生时代的命题作文，尤其让人不堪。这里的原因，不只在于我们掌握的词汇量少，还在于缺少写作素材。巧妇难为无米之炊，没有素材，何以下笔行文？可就我个人体会，律师习文，素材并不少有，主要难

---

1 ［美］斯蒂芬·金：《写作这回事：创作生涯回忆录》，张坤译，上海译文出版社 2009 年版。

在如何养成写作的习惯。而培养习惯，多写实乃不二法门。

斯蒂芬·金说："喜欢什么就写什么，注入真实生活，结合你自己对生活、友谊、爱情、性爱以及工作的了解，让作品与众不同。尤其是工作。人们喜欢读关于工作的描写。"由是而论，写作素材应多来自生活经验，你必须写熟悉的事物。比如某位律师作家，写出畅销小说《律师行》，讲述一个年轻的律师误入黑手党，为坏人谋事的故事。作品以作家的职业经验为依托，"深深扎根于他所了解的现实生活，他本人的经历，以极端诚实的坦白态度写出来"。此论亦看似平常，却是真知灼见。以作者的个体经验为依托，写出的文章才会接地气，才容易与读者产生共鸣。即使写的是科幻、魔怪故事（如《西游记》），因为故事中的人物，可在世俗世界中找到一一对应的关系，也会为人所喜读。

只要养成写作习惯，律师不愁做无米之炊。以笔者为例，除法律文书之外，平时写作的素材，主要取自阅读、执业感悟、法治新闻等。曾有段时间，写时评的文章较多，但时评有其局限性，现实中的法律问题太多，写多了，也多是老生常谈，读之令人生厌，故近两年我写得很少。将阅读与自己的职业结合起来，这种心得类的小文章，却颇合心意。阅读带来的新鲜感，与其产生的表达欲，羼合于一体，写出的东西才可能有新意。否则，就是堆砌文字，浪费时间，也浪费读者生命，不做也罢。当然，纯粹自娱自乐式写作，也有其必要性，不做无益之事，何遣有涯之生？偶尔风花雪月，不亦乐乎？另外，多写不同类型的文字，主要目的还在于要将语言打通，这样写应用文章也就得心应手。

承上所述，写什么，其实必须与读什么一脉相承。读什么，是一系列复杂的问题，我已另辟多篇详谈。这里必须再提及专业的问题，我的认识在于，作者写的文章，最好应当与其专业相关。对我等法律人而言，如行文找不出法律的影子，文章的特色就会减分。当然，天才如卡夫卡者，应予除外。任何场合，扬长避短都是最好的选择，律师可尝试以专业视角看问题，如此写作才可能与众不同，也才可能形成特色。而特色之于文章，正如气质之于人类，不可轻视。

最后，于凡我之辈而言，必须直面的残酷现实是，写作需用上一辈子的时间，不断磨练，艰苦卓绝。如不信此言，请读者诸公翻开张思之老先生的《我的辩词与梦想》，读一读那些“黑铁时代发出的黄金般的辩词”。如此这般，在写作之路上，我们才可能学会谦卑。

08 写作的信心

艾伦·德肖维茨说："当我1964年来到哈佛法学院时，有几位极其出类拔萃的教授，却很少写出作品。他们的聪明才智大家有目共睹，结果却没有出路，最终一路消沉下去。我怀疑他们很有可能感到害怕，因为一旦作品出版，批评之声就会浮出水面。所以，他们只是偶尔发表几部已经打磨数年'完美无瑕'的作品……他们最大的担心在于，某一处不那么完美的败笔，会让他们的声誉毁于一旦。"[1]

德氏提到的现象，非常具有代表性。转顾我身边的法律人，同样存在这一问题。他们执业多年，有学识，有思想，可惜同样也惜墨如金。普遍的理由是，自己不会写，或者写不好，但我觉得其中隐藏的原因，还在于不够自信，担心写出的东西，会受到他人的非议。我这些年，陆续发表过一些文字，其间受到过一些褒奖，但同样也受到过许多批评。可能我的脸皮厚实，接受的批评多了，倒并不太在意。我的经验是，写作时脸皮厚些，会对自己有益。

---

1 ［美］艾伦·德肖维茨：《致年轻律师的信》，单波译，法律出版社2009年版，第76页。

像我等司法实务者，教育背景一般，未曾接受过严格的学术训练，工作之闲，写点东西，遵循的就是“野路子”。我当然有自知之明，自己写出的文字，难免会出现纰漏，但我并不为忤。而且执业年限越长，在认识到写作的重要性之后，我更加坚定了要多写，且培养并养成写作的习惯。

以个人的经验而言，写作于我等法律人，是很好的思维训练。《傅雷家书》中说：“一个人的思想，不动笔就不大会有系统，日子久了，也就放过去了，甚至于忘了，岂不可惜！就为这个缘故，我常常逼你多写信，这也是很重要的‘理性认识’的训练。”先生此言，深得吾心。卡夫卡也说过，嘴巴离脑袋近，故说起来易；手指离脑袋远些，相较说而言，写作就会难些。捡难的事情去做，将思想用文字表达出来，便会成为考验。

写文章最大的问题，不仅是观点，甚至论据、论证方法都难免会出错。但除非不动手去写，否则谁敢保证不会犯错误？再说，我等凡夫俗子，写出来的文字，就算是错得离谱，又不会贻害天下苍生，不值得妄自菲薄。如果真的犯了错，能在他人的批评声中，知道自己错在何处，岂不善哉！这就是批评对于写作者的重要性。德肖维茨的经验之谈：“从针对我作品的批评中，我学到了很多。”

有了这种不怕犯错，勇于接受批评的态度，写作便成为很好的精神有氧运动。长期坚持下来，就像健身一样，隔些天不出去汗流浃背，浑身都不舒坦。此外，坚持习文，不仅是为了满足个人的表达欲，另一个重要原因，在于还可以倒逼自己不断读书。只有不断读书，才会有新想法；也只有新想法，才会有表达的冲动。这样循环往复，对法律实务工作，帮助不言而喻。

诚如德肖维茨所言，对完美的追求，不但不切实际，而且永远没有尽头。正因为有此认识，他才勇于发表作品，“几乎每天都在写作，每年都会出版一本书”。德氏的经验，值得借鉴。

09 “小题大作”的方法

在《胡适日记全编》第五卷中，胡先生说：一切作文的训练，切忌“大题小作”，务必养成“小题大作”的习惯，如写三四百字论帝国主义，不如写一万字考证筷子的由来。

胡适先生的著作，真像是一处宝藏，我每次读其书，都会有所斩获。就上述先生所言，以个人经验，认为不只是作文须“小题大作”，就是我等法律人办案，研究法律问题，也一定要如此行事。为什么这样说呢？且容我在此细述。

小题要大作，必须深究，必须深耕细作。将一个小问题，研究清楚，弄得明白，方可成为大学问。读季羡林先生书，言陈寅恪先生研究唐史：“寅恪先生考证不避琐细，但绝不是为考证而考证，小中见大，其中往往含着极大的问题。比如，他考证杨玉环是否以处女入宫。这个问题极其猥琐，难登大雅之堂。难怪一个学者会说，这太微不足道了。焉知寅恪先生是想研究李唐皇族的家风。寅恪先生是从看似细微的问题入手，探讨民族问题与文化问题，由小及大，使自己的立论坚实可靠。”

再举例说明。胡适先生书中言，其花了整整5年的时间，用 5 万字考证，《醒世姻缘》作者“西周生”，实际上就是《聊斋志异》作者蒲松龄。胡适先生说，其花了多年工夫，考证《红楼梦》《醒世姻缘》等小说，就是想用偷关漏税的方法，来提倡一种科学的治学方法，也就是“大胆地假设，小心地求证”。

小题要大作，须精益求精，求证的过程，必然是找材料、求证据的艰辛之路。傅斯年先生说，找材料须“上穷碧落下黄泉，动手动脚找东西”。季羡林先生也曾说：“搜集材料，必须有竭泽而渔的气魄”。这种“不苟且”的态度，必然会训练出严谨、细致、勤奋的为学品质，也必然会在某个领域内，造就出高水准的专家，前面所言的陈寅恪、胡适等先生，都是我等为学的表率。

再论法律人，要在专业领域有所建树，也莫不例外。成为专家型的法律人，必然先在某个专业领域内，掘地三尺找问题，抽丝剥茧去论证，了然于胸著大作，然后方可能成为大家。我国台湾地区民法学泰斗王泽鉴先生，其《民法学说与判例研究》，皇皇八大本巨著，业内奉之为民法学“天龙八部”，其书中莫不都是对诸多个案的问题，予以条分缕析，所论者似是小问题，实有大道理，都是大学问，其为文力透纸背，让法律人叹为观止。

徐昕教授所著的《论私力救济》，读后内容多已忘却，但书中所交代“小叙事、大视野”的法律研究方法，我却一直铭记于心。现在看来，所谓“小叙事、大视野”，莫不就是“小题大作”？徐先生言，此方法是读黄仁宇先生《大历史》后所获，此言不谬。其实，黄先生的代表作《万历十五年》，采用的也就是这种写作手法。

就我等律师职业而言，事实上所遇的，也大都是“小题大作”式问题。因为在实务中，刑事案件关系到当事人生死自由，民事案件多为财产之争，看起来多不过是一些“小问题”。但要深究之，法律问题的本身，需要律师以“小题大作”的方法，深耕细作。另从抽象的权利而言，权利本身无小事，自由乃人的最高价值，财产实乃人格保证，岂可视为儿戏？德儒耶林言，要为权利而斗争！故律师职业伦理要求，为当事人的利益，哪怕都是一些“小问题”，我们也定当全力以赴，须大作特作之！

由上而言，“小题大作”不仅涉及做学问、做职业的方法论。就法律人而言，还隐含着实现法律价值之道。职是之故，我才不吝浅陋，在此小题大作了。

■10 好文章的标准

《胡适之先生晚年谈话录》中，胡适先生说，文章要通达、要有力量、要有美。以大师此论，可以为我们写文章，确立一个标准。

何为通达？胡先生说，无论做诗或习文，第一要做到通。所谓通，就是通达。我的意思能够通达到你，你的意思能够通达到我，这才叫通。其主旨在于，文章要做到明白清楚。能做到明白清楚之后，意思才能通达到别人。先生说："用力写出的文章，要使别人觉得'就站在我身旁边，在亲口慢慢地跟我讲一样'，这样清楚明白才行。"

胡先生此言，深得吾心。可能因法律职业多年的训练，我对不通的文字，向来敬而远之。不仅如此，我甚至认为故作高深的玄文，多是些害人的文字，应当离得越远越好。文字作为语言的载体，其作用主要在于表达思想、传递观点。若用艰深晦涩的语言来表达思想，其作者要么语言有问题，要么思想有弊病。否则，为什么不能用明白清晰的语言，来向读者传递思想观点呢？作为律师，我现在每次写材料，总要求自己能做到观点明确、逻辑层次清楚，语言干净得能亲口吃下去才好。否则，是不敢将材料拿出去的。即便偶尔写点其他类型的文章，我亦如临深渊、如履薄冰，深恐不通。

何为力量？先生之见，说能把自己的意思通达到别人，别人受了你的感动，这才叫力量。依我之见，所谓诗文的力量，主要在于其思想的影响力。小言之，律师写篇法律文书，法官采纳其观点，作出正确的司法判决，这当中便有思想的力量。大言之，文字的力量，更多地体现在对社会观念的革新，因为文字的背后，实乃人的思想。思想的力量，小到改变一个人，大到改变一个国家。像胡先生早年写文章，发起白话文运动。我们说胡先生文字有力量，其实是在于接受了他的思想，为他的思想所触动，开始实践他的思想。白话文能够惠及众生，胡适先生功莫大焉。

这里，有必要申言之。力量有大小，也有正负。以时髦的说法，文章最好要传递正能量。文字害人的故事，并不少见。蛊惑人心者，多用的是诗文。在思想领域，文字害人的例子，尤为多见。另外，悲剧的文字力量，反而更有力，这是值得探究的问题。

为什么文字会有力量？就在于文字中有真、有善、有美。如果文字不真，就很难有力量。时见无病呻吟的文字，因为少了真，故而不忍卒读。又因为没有善，不能给人以慈悲心、同理心，亦不能让人产生正直之心，故而也没有力量。因缺少美，文字的力量也会大大地削弱。

在此，要多说一点，文章需有美。适之先生说，诗文能够发生力量，这就到了最高的境界，这个叫作美。此言当然不谬！可是以我的陋见，美不只在于思想的力量，还在于语言本身。如前所论，语言作为思想的载体，正如一个漂亮的姑娘，衣衫褴褛之下，也定然会失色。孔夫子言，文质彬彬，然后君子。又言，郁郁哉，文乎！大概就是在强调文辞之美。我现在习文，多想言之有物，亦希望文采斐然。美，其实也是一种态度，一种自我设置的标准。

要通，要有力量，还得有美。写文章之难，即在于此。可是，取法乎上，仅得乎中。有个高标准在，就好像找到了一个标杆，就能选择好文章读。另外，对舞文弄墨者而言，有个高标准矗在那里，也会让自己保持一颗谦卑之心。像我所习之文，离胡先生要求的标准尚有十万八千里。但有此自知之明，也就会懂得，文字的训练，其实是律师一辈子的功课。

11 修辞立其诚

写文章是应该以读者为立场，还是坚持作者自己的想法，不为读者意见所左右呢？这当中，关系到作者的立场，写作方法的问题。以笔者之见，好的文章首先应当坚持自我，同时必须关乎读者阅读体验，若两者之间，能够达到“共情”之效果，则近乎完美了。

为什么写作要坚持自己的立场？因为文章必须要有特色。而所谓特色，必然包含作者的个性，体现出作者的价值观。古人云，文如其人；又云，修辞立其诚。一个人如何为人处世，其个性特征如何？多半可以从他的文章中看出来。要认识一个人，尤其是文化人，从他的文章入手去了解，不大会有偏差。其中的理由，即在于文章其实是作者的产儿，它必然会带上作者的基因。千篇一律的文章，不可能成为好文章，不过只是鹦鹉学舌而已。

作者的立场，在某一时间点可能有错误，但如前所述，写文章的人一定不能怕犯错误。错误的意见，也并非全无价值，至少作者写出来后，让别人指出你的错误，然后更正自己的错误，就是很有意义的事情。另外，如果能在错误与正确的比较中，让自己容易找出且明白错在何处，以便及时纠正，则最好不过了。这一点，对于读书人而言，重要性不言而喻，只是对于许多人而言，犯错误被视为很丢脸的事。其实，个人的成长就是不断丢脸，不断提高的过程，不能怕丢面子。

坚持自己的写作立场，不代表狂妄自大、目中无人，而应当处处为读者考虑，为他人传递正能量。我们生活在同一个世界，有着共同的文化基因，必须要尊重普世的价值观。这样的作品，才能与读者产生“共情”的效果。比如，读路遥先生的《平凡的世界》，我们从中可以感受奋进的力量；读余华先生的《活着》，可以体会到苦难之于人生的意义；读《肖申克的救赎》，可以让人明白坚持的力量、懂得自由的价值。诸如此类，不一而足。每一部好的作品，不论长短，其能为人们所铭记，必然是它产生与读者“共情”的效果。我们阅读这些佳作，从中汲取精神的养料，以帮助我们成长为更好的人。

同理，我们不只是文章的作者，更是创造真实生活的“作家”。我们的生活，其实就是一部部“作品”，我们每个人都是一本厚厚的书，供他人阅读。就此而论，如果有人打开这本书，看到的是一个诚实的作者，也就不枉一读了。

12 如何完成写作任务

如果将写文章作为学习与工作的任务，比如每月必须完成三至五篇，这对于业余选手而言，确实是一件难事。但任务既然确定了下来，就必须咬牙坚持，确保完成。对此，我有三点经验，可与诸君分享。

要把写作任务写下来，此乃心法之一。每周日或周一早晨，采用清单的方式，将这一周最重要的任务写出来，这是自我管理的方法。把工作任务写下来，有一种神奇的效果，这是我从管理学中学到的，大家可以尝试。

每个周一，列出工作任务清单，将要事安排妥当，其中包括写一篇文章。此举的好处在于，每天直面清单，人会产生一种紧迫感，事情摆在面前，不去处理掉，内心总会感到不安。如果一周忙下来，到了周末，任务还悬在半空，则无论如何，必须强迫自己坐下来，开始敲键盘。只要行动起来，任务就完成了一半。

动手去写，这是心得之二。逼着自己去写，当然不一定能保证质量，但如果不能保证写作的数量，又如何能保证文章的质量？写东西就像跑步，必须积累到一定的量，然后才能有感觉，也就不会觉得写作很辛苦，这就是从量变到质变的过程。职是之故，为了完成任务，必须逼自己一下，找个整块时间，心无旁骛，开始着手写。

可能有朋友会问，肚子里没货，如何写得出来？《笑林广记》有则笑话，说秀才要去赶考，日夜忧愁不已。妻子说："看你做文章这样的困难，好像我生孩子一样。"秀才说："还是你生孩子容易。你确定是肚里有东西，我却是肚里没有东西！"这则没品的笑话，却颇有深意。如果肚子里没有墨水，写文章确实是件难事。

怎么办？看来如果打算长期写作，且要确保写作的量，必须还得坚持阅读，此乃心法之三。每周的任务清单，最好还要列上阅读的任务，比如读一本书。作为专业法律工作者，要想写出专业文章，必须每天都要读专业书籍与案例，否则如何写案例评析？作为业余写作爱好者，各种书籍都得去读，法律人阅读范围越广越好。题外话，如果法律人只读法律书，早晚可能会糟蹋法律。

杜甫诗，读书破万卷，下笔如有神。朱熹云，问渠那得清如许？为有源头活水来。前面曾说过，读与写本是孪生兄弟，如果写不出来，主要原因在于，还是读书不够多，得挤出时间多读书。如果实在挤不出时间读新书，可以把以前读过的好书，再找出来，温故而知新。读旧书如遇故人，思想上更容易碰出火花。把这些火花记录下来，也就是一篇好文章。

我多年养成的习惯，读书的数量还行，可读书的内容庞杂，故收获不大。但多读书的益处在于，写东西不拘一格。专业小文章、杂谈随笔，都可以信手拈来。至于写得质量如何？完全由不得自己了。再说，法律人写作，主要是作为职业训练的手段，帮助我们把语言打通，培养逻辑思维。我们又不等着稿费吃饭，没有必要想得太多。

总之，要养成写作的习惯，完成确定的写作任务，必须要有明确的目标，有刻意练习的态度与方法，还要有阅读的兴趣。

（三）业务开拓

01 业务开拓的方法

在前面的文章中，笔者曾谈及办案思维与方法的问题，这些方法或曰经验，虽然不一定完全正确，但以我多年的体会，其中定然有些许的价值，可以借他人一用。我曾在单位的业务培训中，与同事谈到过此类的经验，但有同事言及，他们现在缺的就是业务。言下之意，没有业务，你的这些所谓方法，无异于纸上谈兵，对自己有什么用呢？

我当然能体会他们的心情，每个年轻人，执业伊始，都会遇到同样的困境。尤其对草根出身的年轻人而言，没有人脉，律所又不能提供案源，用一个字说，难；用两个字言，真难！但依我所见，这当中有个认识的误区，许多年轻人认为，某些律师手上现在有很多案源，只在于其人有人脉关系。但他们根本没有思考，他为什么会有这些人脉？这当中的秘密何在？

《穷查理宝典》的主人公查理·芒格，毕业于哈佛大学法学院，也曾是一名执业律师，后来成为华尔街投资大亨沃伦·巴菲特的合伙人。此公在言及律师业时，给出一份很有见地的建议。他说："带来新客户的最佳方法，就是把案头工作做好。""关键是把手头的事情做好，把已经有的客户照顾好，其他的自然就会来找你。"在我看来，除了某些特殊的人物（如果真有此类人物，他们又何苦在律师这个行当中谋生？），想在律师行业里安身立命，这可能真是最好不过的方法了。

我们也曾见过，某些同道原本有很好的资源，但业务却逐渐被蚕食，慢慢在行内生存不下去，最后只得转行。这种事例，为我等从业者所常见。当然，职业转型也是个人的选择，并非一定有什么不妥，只是对于那些原本手上有资源者，在资源丧失后被迫转型，此现象值得深究。在我看来，问题可能主要在于，他们根本不能将手上的案件做好。他们原先手上的资源，可能得益于社会转型期，市场经济尚未形成的原因。当下，许多律所合伙人专门负责开拓业务，将揽到手上的业务，交助理或年轻律师打理。客观而言，这种模式也出现了很多问题，主要在于案头工作做得不够好。

有人说做案件要"少而精"，许多人不屑一顾，认为这是"饱汉不知饿汉饥"之论。——我都快要饿死了，你还高谈富贵病，不骂你才怪呢！其实，我倒认为，此论大致不谬。要是让我来说，应该是做案件不但要"少而精"，还得做到"多而精"。没有大业务时，有小业务抱在手上，怎么也得掘地三尺，得使出浑身本领，把业务做精做细，力求完美。真到某一天，手上业务忙不过来了，你也可以高谈阔论，说做业务要少而精！有选择案件的权利，就有了话语权。我现在还未到这种境界，但将手头业务做好的方法，着实让我收获不少。

日本的大前研一，在《创新者的思考》一书中指出，制定事业发展战略时，要组合顾客、竞争对手和自己的公司统筹考虑，也就是"针对顾客的需求，持续不断地提供优于竞争对手的产品或服务"。此论完全可以移花接木，用到律师业当中来，其主旨仍然在于，如何做好手上的业务，如何服务好客户。律师难求的时代，已经一去不返，客户第一的理念，必须深入人心。世界著名咨询公司麦肯锡的服务理念，即定位为：客户第一，公司第二，自己第三。律师作为专业法律服务人士，要接受市场的检验，也必须遵守市场的规则，否则早晚会被市场淘汰。

诚然，在此还须澄清的是，将手头的业务做好、服务好已有的客户，作为业务开拓的方法，已经不是唯一的方法，即便作为好的方法之一，在当下仍需借鉴市场营销手段，使之锦上添花。毕竟，时代大有不同，查理·芒格执业于20世纪五六十年代，当时没有互联网，全球化市场也未形成，与现在情况大不相同，但就其观点而言，并未过时。

希望读到此文的年轻同道，下次不要再抱怨自己没有业务可做了。

02 如何与客户沟通

律师如何与客户打交道，沟通能力是关键。我结合自己的执业经验，总结以下提高沟通能力的要点，希望对年轻人有所帮助。

一、专业化乃立身之本

（一）必须强调专业化

为什么先要强调专业化？因为专业化是律师业发展的必然之路。20 年前，我们遇到的律师，多是民刑不分，有客都得接，万金油是主流。但形势比人强，现在再这样，基本上死路一条。因为 20 年前，经济体制改革尚未深入，法律服务市场未形成有效竞争，学院派未能一统江湖，律师界鱼龙混杂，可以浑水摸鱼。

现在不行了，律师业态已发生重大变化，专业分工越发精细。最明显的事实就是，律师人数节节攀升，现在全国已有四十多万名律师，而且每年人数都在大幅度增加。律师界的竞争越来越残酷，僧多粥少，基本上是一种常态。要在惨烈的市场竞争中分一杯羹，要走专业之路。

专业化之路的好处多多，最核心的价值在于保证服务质量，实现以质取胜。但最要命的问题是，年轻人如何熬过积累期，在专业化之路上坚持下来，而没有半途而废。此话题暂且不表。

（二）沟通时先谈专业问题

在谈律师的沟通能力前，为什么要先讲专业化？现在大城市律师如过江之鲫，大客户基本上不上门，由律师们提供上门服务，偶尔律所有上门的客户，基本上都不是大单子。上门咨询成案的，多是鸡毛事。许多客户一辈子打场官司，先想到的是托熟人介绍律师。企业现在遇上诉讼，若是疑难杂症则会请上几拨律师，以便比较各家的法律方案，择优录用。总之，律师们的日子越来越不好过了。

我向大家强调专业化，目的是想告诉各位，在竞争白热化的法律服务市场上立足，讲专业问题是最好的选择。客户见几拨律师，目的主要还是要比较谁更专业。记住，客户更喜欢专家。讲专业的问题，有一个最大的优势在于，客户对问题多是一知半解，律师只要通过明白浅显的语言，讲清楚复杂的专业问题，机会就在身边。

客户要解决法律问题，跟其讲专业问题才算直奔主题、直指主旨。现在生活节奏快，大家的时间都非常宝贵，谈问题最好单刀直入，先将观点摆出来，然后给出一、二、三点理由，这是最简洁的风格，会给客户快刀斩乱麻的快感，也会给客户留下果敢、有主见的印象。

当然，有些民事案件中，律师可能还要做情感疏导工作，讲专业可能不如谈故事。据说离婚案件，律师最好还是心理医师，我基本不处理此类案件，只是道听途说而已，但这也反映出沟通的重要性。

在商事案件中，谈专业应该是正道。如果谈完专业问题，时间尚有余额，可以谈点其他问题。但一定要先谈专业问题，方法论上将这一招称为扬长避短。客户可能是其他专业的专家，在别人面前谈非专业问题，往往会漏底，此乃执业大忌。

（三）沟通以便促成合作

律师与客户沟通，带有很明确的目的性，在于通过交流达成合作，让客户放心把业务委托给你。所以，沟通必须强调方法。

我们在客户身上花时间，目的就是要通过提供专业服务，为客户创造价值，同时创造自身的价值。如果与客户之间的沟通，不能促成业务合作，或者潜在的业务合作，应该都是失败的。路子对了，就行；路子错了，定然不行。在保证专业化前提之下，接下来我将逐一展开，谈一些具体的经验。

二、记住使用逻辑工具

（一）思维清晰需要逻辑性

前文曾谈过，我刚入行时，偶尔会出去谈业务，注意到身边有人，谈问题时总喜欢采用一、二、三的方式。比如，就某一个案件的处理方案，他谈意见时常会说，我对这个案件有三点意见。一是什么，二是什么，三又是什么。然后，再回过来，就第一点意见再展开，谈一、二、三点理由，大体上就是按照这种套路来谈问题。后来，我执业过程中，也逐渐采用此方法，实际效果非常好。

若干年前，我读到一本管理学书籍，名为《金字塔方法》，对照书中的内容，才恍然大悟，原来这种方法，被称为金字塔方法，又称逻辑树的方法。

现在有人使用思维导图，来作可视化的材料，思维导图其使用的就是这种原理。金字塔方法的核心要点即在于，结论先行、自上统下、分类归组、逻辑递进。采用这种方法，会保证你在谈问题时思路很清楚，对手常会被强大的逻辑力量折服。社会上对律师普遍的印象，是认为律师能言善辩，为什么会有这种认识，即在于律师受过严格的逻辑思维训练，增强了表达的能力。

（二）四种逻辑顺序

一是形式逻辑常用的演绎顺序：大前提、小前提、结论。

在律师业务中，这是最常用的逻辑方法。《合同法》第 107 条规定："当事人一方不履行合同义务或者履行合同义务不符合约定的，应当承担继续履行、采取补救措施或者赔偿损失等违约责任。"在具体的运用过程中，该法条被视为形式逻辑中的大前提，小前提是案件事实，如果小前提中的事实符合大前提，结论也就明确。

形式逻辑中最简单明了的例子就是：是人就会死（大前提），苏格拉底是人（小前提），苏格拉底会死（结论）。在法律论证过程中，此方法具有重要的价值，是组织思想最常见的逻辑方法之一。

二是时间（步骤）顺序。

这一点大家都很清楚，我们写民事诉状的事实与理由，常会按时间顺序来表述，如双方何时签订合同、原告何时履行义务、被告何时违约，用时间的推移来表述案件事实。

我们在与客户交流时，也常会以时间的顺序来谈业务，或以步骤顺序来谈问题，这样表述能让对方容易理解与接受。

三是空间（结构）顺序。

从南京到上海，经过镇江、常州、无锡、苏州，空间顺序一目了然，但如果不按此空间顺序表述，会违反常识，让人无所适从。

结合前面所讲的金字塔原理，要么你按正三角形来排列结构，要么就按倒三角形来排列结构，否则就不成立金字塔结构，因为不符合正常的结构顺序。我们与人交流时，谈问题常常思路不清、东拉西扯，主要在于没有厘清问题的结构顺序，故有必要就此再强调。

四是程度（重要性）顺序。

这一点非常重要，对于我们律师而言，谈问题永远要记住重要性原则。我甚至在不同场合强调，谈问题、解决问题，一定要坚持“抓大放小”。像处理建设工程施工合同纠纷，一个案件中常会存在十几个大小不同的争议点，哪些问题重要、哪些问题次要、哪些问题可以忽略不记，必须搞清楚。谈问题，必须遵循“要事第一”的原则，写材料同样如此。捡了芝麻，丢了西瓜，是我们工作的大忌。

（三）向外行人讲内行话必须用好逻辑工具

俗话说，隔行如隔山。律师从事专业的法律服务，在专业领域里，有许多外行人不明白的行话。我们用的专业术语，在某种程度上会构成我们与客户沟通的障碍。如何越过这些障碍，就必须有清晰的思维，用浅显的语言来表达，其中最重要的方法，就是要用好逻辑工具。

如果不能清楚地表达对问题的见解，说明你要么业务不专业，要么脑子有糨糊。思路清楚，才会让客户相信律师是个明白人，谁会把身家性命交给一个糊涂虫呢？

三、文书写作是业务交流的重要方法

（一）写要比说重要

与客户交流，说是一种方式，写也是一种方式，但相较于说，写更重要。为什么呢？因为口头交流，有一个最大的缺陷，即对于外行人而言，听专业问题很难在短时间吸收、理解、接纳。

现在的业务交流会议，真正的决策者很少参与，即便参与也不可能抽出大块时间，听你天马行空长篇大论。《麦肯锡方法》中介绍一种电梯法则，要求在电梯上下行30秒期间，向他人讲清楚一个问题。这种要求不但对说的人要求太高，听的人也必须非等闲之辈，否则就是鸡同鸭讲。

所以，尽可能用文字表达见解。一个案件拿到手后，不管能不能最终接下来，先写份法律意见书，对案件事实进行梳理，对所涉争议进行法律分析，然后出具书面意见给客户。这种书面交流的方式，比口头交流的效果要好。

许多人可能会认为，在案件还没有接手前，将意见交给当事人，不担心客户拿着意见书跑单吗？会出现这种情况，但多数情况不会发生，除非你要价太高。

如果客户发现书面的法律意见有价值，一般情况下更容易达成合作。这里还有另外的一门学问，称作服务的差异化，律师提供的法律服务与众不同，为他人多做一点，业务能力也可以从文书上得到体现，除非律师要价太高，否则客户没有理由不合作。即便双方不能达成合作，你还有可能获得下一次合作机会。

通过写材料与客户交流，实际上要比用口头方式交流更重要。即便律师口才了得，说完之后写下来给客户，也会锦上添花。

（二）文书写法之金字塔方法

前面在强调逻辑性的问题时，我已经提及过金字塔方法，在此还得再予强调。我们写文书，不论提交给客户，还是提交给法院、仲裁机关，目的都在于解决专业问题，故文书写作的方法很重要。通过比较分析众多的文书资料，“金字塔方法”不失为好方法。

因为这种方法结构合理，符合文书写作的要求、特点与目的。在此再重复一下金字塔方法的要点：结论先行、以上统下、分类归组、逻辑递进。用这种方法写出的文书，让读者对文书的观点一目了然，能够在足够短的时间内，掌握律师的观点、论证的能力，可以很容易地判断出律师的专业水平。

与客户采用文书交流时，要达到说服对方的目的，没有比一份有观点、有论据、有论证的专业文章，更具有价值了。

（三）文字的训练是律师一辈子的功课

大家都可能明白写材料，对律师职业的重要性。年轻律师从执业开始，就得下定决心，进行严格的写作训练。怎么做到这一点呢？我的建议是，每案必写。做原告代理人写诉状、案情分析、代理词、案件总结；做被告代理人写答辩状、代理词、案件总结；做非诉案件更是要写法律意见书、结案报告等。

写作是最好的思考。说起话来相对容易，写起来就难了。但难与易都是相对的，写材料必须学会“刻意练习”，写多了，语言就能打通，写起来也就顺手。同时，写与读是孪生兄弟，必须多读书，通过借鉴优秀的法律文书，通过阅读经典名著，提高文字表达能力。

孔夫子有言，言之无文，行之不远。语言表达能力的提高，不仅是会写、能写，还要求提高修辞水准。上海斯伟江律师的文章，大家可以从网上找来读，斯律师的文字以及执业境界，都是律师界的标杆；另外，律界张思之老先生的文字，也要找来读。

年轻人要找到职业标杆，这会让自己学会谦卑——“取法乎上，仅得乎中”，有个高标准，执业的路才会走得更远。

第16任美国总统林肯，也曾是名律师，他曾说：“文字之于律师，就像杂货店老板的存货。”这句俏皮话，充分说明写作对律师的重要性。存货多了，老板的生意自会兴隆。

四、通过公开演讲提高沟通能力

（一）通过公开演讲与公众沟通

律师在执业过程中，要不断磨练、提高公开演讲的能力。这不仅是提高沟通能力的方法，也是拓展业务渠道的手段。演讲对于律师来说，比与客户一对一的交流沟通要难得多。但作为一项技能，再难也要学会。年轻人可以有意识地训练自己，先在事务所业务交流中练习说的能力。

经过几年的执业，年轻律师有了顾问单位，单位法务内训是个关口。像我们做建筑工程案件的，一般会给建筑企业做法律顾问，一家一级资质的企业，会有几十个项目经理，年终会上要请律师作 1 小时的报告，能不能轻松驾驭这 1 小时，就是对律师的考验。如果能在 1 小时内，讲得让人打心底认可你，下一年业务收入肯定会提高。大家可能不了解建筑企业，每个项目经理与企业之间，多是承包挂靠经营的关系，也就是说，他们有法律纠纷，不一定会通过公司法务来解决，项目经理自身甚至也有法务。只有通过比较，才能形成鉴别。对于优秀的年轻人而言，这就是机会。

如果时机成熟，律师要走向社会，到各种场合演讲。国家需要普法，律师是最好的人员选择。因为机关人员具有行政身份，代表权力机构，法律宣讲主要在于传达精神；而律师是法律实践的工兵，春江水暖鸭先知，讲的内容更接地气。

从专业角度而言，演讲需要与听众互动，尤其公众场合的演讲，是对律师全方位的考验，不论对专业知识，还是对语言能力、心理素质的要求都很高。如果一名律师能在公众面前，讲好 2 小时的专业讲座，他应当称得上是合格的律师。

（二）公开演讲以寻找案源合作

专业律师最好的案源，也应就在律师同行身边。比如，我做建筑房地产法律业务，在事务所带专业团队，形成松散的合作关系。一旦其他律师有这方面的业务，专业上他又不能胜任，就会找我来合作；同样的情况，如果我遇上刑事案件，也会交给刑事业务部。

公开演讲，尤其是专业领域内的讲座，听众多是同行，或者与该专业领域相关的人士。专题讲座作为营销模式，可以给演讲者带来大量的业务。

（三）律师演讲的要点建议

既然必须到处去演讲，律师讲什么，如何讲，必须深思熟虑。

首先，最好讲专业问题，或者与专业相关的内容，比如我现在所讲的课题，实际上不是法律专业内容，但与专业相关，可以在行业圈子内来讲。但如果律师到社会上去开讲座，最好讲专业问题，或者是讲与专业相关的问题，具体要根据听讲座的对象来确定。

为什么要讲专业问题？因为律师对专业领域熟悉，素材多，有话可说。扬长避短，永远是职场最重要的方法。专业知识是律师的看家本领，要向别人展示出来。

其次，演讲前必须作充分的准备。有备无患，确定是真理。如果不做好充分的准备工作，则对听众不负责。浪费他人的时间，无异于谋财害命。我每次外出作讲座，都会安排做好 PPT，同时将要分享的内容写出来。写出来的好处是，写的过程也是思考的过程，写出来更方便分享。

最后，演讲者一定要讲点干货。现在法律界有很多培训课，我建议大家要慧眼识人，认真作一些挑选。如果不了解演讲者的情况，可以到网上查一下，看看他的资历、发表的文章、承办案件的情况等，这样可以作一些甄别。

如果有机会出去开展讲座，一定要与听众分享干货。分享是美德，分享才会取信于人，才会创造更多的合作机会。分享自己的知识，多讲一些干货，这也是法律人对社会的一份责任。

五、从讲故事开始

（一）从自己的故事（经验）开始

国外有个 TED 机构的演讲视频，在网络上很热。这种演讲，时间一般不长，演讲者多是从自己的故事开始，讲一个主题。其实，律师演讲也可以这样做，在与客户交流时，也可以用这种方法。当然，在我们执业过程中，在与客户交流时，这种故事不是什么奇谈怪论，而主要是我们办理的案件。

这种交流沟通方法，是以“随风潜入夜，润物细无声”的方式与客户拉近了距离。关键是，要用最好的沟通方式，让对方认为律师很懂行。讲案例、讲经验教训，将活生生的案例，作为故事的素材。人类从小就喜欢故事，通过故事思维解决问题，是一种非常有价值的方法。

有一本书，名为《你的团队需要一个会讲故事的人》，大家可以找来看看，会有启发。如果你在执业过程中，是一个有故事的人，你最好能将它讲出来，然后与客户、同行、朋友分享。职业中的故事，非常吸引人，尤其是那些失败的案例，对客户来说，价值不可估量。我会把某起工程案件中，两级法院对某个争议点的裁判意见，向客户反馈，因为他的经营中存在同样的问题，我讲的裁判意见对他而言，是故事，也可能是另一个血淋淋的案例，故他不但有兴趣，而且急切地想知道，下一步该如何做。服务的价值，很快就能体现出来。

（二）借用别人的案例来讲故事

年轻的律师可能会说，你执业年限长，办理的案件多，有的是案例，我一个初出茅庐的律师，哪来这么多案例来讲故事？说的好像是这么回事，但其实是错误的，年轻律师可以借用他人的案例来说故事。我们现在做建筑工程案件，最笨的方法就是花在收集资料上，我安排助手每年将最高人民法院以及所在地省高级人民法院的工程判决书，全部下载打印，装订成册，以方便学习研究。为什么这样做呢？目的就在于，要掌握最新的司法裁判意见，然后向客户兜售。讲故事没有素材，是没有办法讲的，必须找素材，遇到问题时，对号入座，故事定然会说得长，听众定会听得进。这就是办法。

再啰唆一下，走专业化的道路，收集资料是必备的能力与方法。收集资料要有“上穷碧落下黄泉”的决心，能找到的专业书籍要一网打尽，能找到的权威资料一个都不丢，这样才会心中有底。

（三）讲故事，不吹牛

讲一个精彩的小故事，最好是自己执业的业绩，但不要让人觉得律师在吹牛。吹牛拍马，都会令人嫌，这个度很多人把握不好。某次，我外出公干，遇到当地一位律师前辈，他反复向大家宣讲，自己从1987年就开始执业，已逾30年。假如这个事实成立，其实也只能说明他是位老律师，不能说明其他任何问题。

故此，讲故事，也要低调。人生本是逆旅，大部分人早晚要归于沉寂，不会一直牛气冲天。希望大家一起谦虚谨慎，话好好说，文章好好写，把客户服务好。如此甚好！

03 律师业发展的三个关键词

日本管理学名家大前研一，在《创新者的思考》一书中，提及事业发展战略的关键词，他用三个 C 来概括：第一个 C 最重要，即客户（customer）；第二个 C 是竞争对手（competitor）；第三个 C 是自己的公司（company）。制定企业发展战略时，要组合三个 C，统筹考虑，也就是要“针对客户的需要，持续不断地提供优于竞争对手的产品或服务”。此论颇有深意。笔者借题发挥，结合律师职业，谈些粗浅之见。

一、客户第一

实话实说，法律服务行业，对于此种意识，一度曾颇为淡薄。律师多是半吊子读书人，自命不凡者众，以自我为中心者，也并不少见；在客户面前，摆点臭架子，感觉特别好的，也不乏其人。可三年河东、三年河西，形势比人强。现在一方面法律学生如过江之鲫，律师楼里都快人满为患了。

可另一方面，小客户为个鸡毛事，都要横扫几家律师楼；

大客户端坐在写字楼里，等着上门伺候，律师稍有差错，就有被炒鱿鱼之虞。总之，律师们的日子，越来越不好过。为了生计，书生们只能抛掉假斯文，紧跟新时代，围着客户转。

国内某些知名大所的网站，都坦然将“客户至上”，放在醒目处，可见观念正在改变。客户乃我等工作的出发点，是律师衣食之父母；为客户谋利益，就是为自己谋生活。没有客户，就没有未来；谁手上客户多，谁就可以做大做强。市场之公理，律界之通识，不服不行。

二、竞争对手

说起来都是泪。本自同根生，相煎何太急？可惜市场本无情，蛋糕就这么大，不争不抢，律师早晚有出局之虞。现在的问题是，不但要技高一筹，还得要善于营销。以前是，酒香不怕巷子深；当下是，酒香还得善吆喝。说白点，业务强并不一定能做强，营销强却能锦上添花。甚至是，将营销术炼得炉火纯青，业务不强也能强。当然，英雄不问出处。我言及于此，只在于强调营销学，律师也得学学。

既然要争，就不能轻视任何对手。曾有同行友情提醒，言不能将顾问单位业务，交给自己助理打理，因为徒弟挖师傅墙脚，业界早有先例。如此而言，在律师界，早晚注定都成孤家寡人。对此之论，我一笑了之。若连这份自信都没有，就不必在律界丢人现眼。师傅若因这样被饿死，其定然是死得其所。

多余的话：法律人之间的竞争，应当是绅士间的竞赛，而不应该是恶棍间的厮杀。此话出自名家之口，我一时无从找到出处，盗在这里一用，因为念及于此，心有戚戚。执业经年，我见过太多同行间的倾轧，也感受过法律人之间沟壑之深，让人无从看出这门古老技艺的从业者，本应当具备的温良、智慧与爱的秉性。

前路漫漫，道阻且长。总之，在成为牛人的路上，要么修成正果，要么寂寂无名。大家多是后者，这便是宿命。

三、律师事务所

律师之于律师事务所，在当下的体制环境下，大都不过只算是个体户，租铺挂证经营而已。本土语境之下，律师没有归属感，这是体制落后造的孽。此话题十分沉重，不言也罢。国内顶级律师事务所，已走在前面，它们脱离落后的管理模式，实行公司化或类似的管理制度。现行《律师法》，允许设置有限合伙，此制度对律师事务所发展定然大有裨益。可就我所见，公司制也必将成为本土选择，否则律师事务所很难做成百年老店。

律师事务所平台的重要性，无须赘言。借用互联网上的说辞，站在风口上，猪也能飞。我在执业 10 多年以后，还是选择加入全国性的大所，当中即有这份考量。荀子曰：“登高而招，臂非加长也，而见者远；顺风而呼，声非加疾也，而闻者彰。假舆马者，非利足也，而致千里；假舟楫者，非能水也，而绝江河。君子生非异也，善假于物也。”先贤所言，正有此意。

总结一下，大前研一所言的三 C 原则，并非针对特定行业，就律师业而言，该原理也十分切合。为客户谋利益，持续不断地提供优于竞争对手的服务，才能体现法律服务的价值，也才能实现律师自身的价值。

04 律师的行头

艾伦·德肖维茨在其书中调侃："当事人经常将衣冠楚楚、一表人才和魅力四射混同于有效的辩护。"但他话锋一转，说："当然，这些优点可以有助于律师说服陪审团，甚至是法官，但从我的经验来看，我所见到的一些最差劲的律师，都是仪表堂堂、魅力四射而又愚蠢的。而一些最优秀的律师，却是大大咧咧，不修边幅的。"

律师个人形象问题，看似无关要紧，实际上，却很重要。本人刚出道时，曾遇一律师，他每天穿着考究，西装笔挺，西式衬衫的袖扣醒目，皮鞋当然也是锃亮的。同样，在我等年轻律师的眼中，此人也算是大佬级人物。可惜，江山代有才人出，随着法律人才的辈出，那一代人的先天不足，很快也便显山露水。之后听说，其泯然众人焉。

此事例说明，穿得好不是万能的，但穿得不好似乎也不行。就连德氏也承认，行头上的优点，颇有价值。律师这一行，做得好真是不易，必须内外兼修。

行头为什么会如此重要？以前，我也只有点感性认识，最近读点杂书，有了些想法。其中有如下的内容，值得在此贩卖一下：

“形象很重要——非常重要，你的外表和修饰会影响到你的产品本身的质量。你们公司与客户的接触主要是你亲自出面，因此，你的外形和举止，是决定客户是否购买的关健因素。它可以满足客户对安心的需要。

你给客户留下的第一印象中，高达95%取决于衣装。这是因为，在大多数情况下，你的衣装遮掩了身体的95%。当你穿着得体，修饰得当，皮鞋锃亮，并且看起来职业，客户就会无意识中认定你是在为一家优秀的公司工作，你在销售非凡的产品或服务。”[1]

当然，尽信书不如无书。并不能说，穿得好就一定能干得好，但如上所言，行头对律师而言，确实有其实践价值，尤其在开发客户、洽谈业务时，作用便能体现出来。律师不但业务要精，苦命的是，还得要到处找案源，最好还能接些高大上的业务，不搞些噱头，如何是好？营销学也是一门学问，不懂是不行的。

职是之故，如果条件允许，年轻的律师穿得好些，不失为一种办法。时髦的说法，是为成功而穿着嘛！我对自己的要求是，上班得着正装，因为说不准会有临时接待、外出公干的任务，装饰得职业些，自己也自信些，对客户而言，也算是一种尊重吧。对自己要求高些，总归不是坏事。对于客户而言，谁会信任一个马马虎虎的家伙呢？律师职业本是苦命的活，凡事都重要，错过一次，很难再有下次。

德氏之言，他所见到的一些最差劲的律师，都是仪表堂堂、魅力四射而又愚蠢的，而一些最优秀的律师，却是大大咧咧，不修边幅的。——此话并不值得信。因为他老人家“能够在每年近5000份代理请求中挑选当事人，而且可以不用担心他们是否会付费用”。在世界级的大佬面前，你我

1 ［美］博恩·崔西：《销售中的心理学》，王有天、彭伟译，中国人民大学出版社2010年版，第78页。

都是最差劲的小律师！只不过德肖维茨先生没好意思直说，那个最优秀的，却大大咧咧、不修边幅的律师，就是他自己罢。

最后，我建议读者看一下，德氏书中以下的一则故事：我记得《纽约客》上有一幅漫画，描绘的是在律师等候室里，两名当事人正在谈论他们的律师。这位律师正穿着一身小丑服装，坐在办公桌后面。“如果他能把这身行头换掉，”一名当事人说，“他一定很棒”。

故此，我等一定得记住，行头很重要！《销售心理学》中给出的具体意见是：“参照行业里那些最成功、收入最高的人来设计你的穿着。要让自己看起来像是能让客户放心采纳所提建议的人。”笔者并非要在此，贩卖庸俗的成功学，而是真心希望，年轻同人能够内外兼修，活出风采。

05 律师与辩论

律师长于辩论，或者说辩论是律师重要的工作方法，大体上是不错的。既然说律师最重要的战场在法庭，在法庭上为事实、法律而辩论，就成为律师工作的重中之重。故此，不论律师个人是否喜欢辩论，客观而言，为了执业需要，辩论都是基本功。

辩论作为律师的基本功，体现在两个方面：一在于事实之辩，二在于法律之辩。在事实之辩中，必须遵循最基本的逻辑规则，不能强词夺理，不能人身攻击，否则再有道理，也会输掉辩论。以个人的体会，逻辑规则对律师而言，实在是太重要了。不论对于律师辩论还是写作，不掌握些逻辑知识，总会出纰漏。

比如，某次开庭，对方上诉主张我方继续履行合同，我方强调对方已出具书证，证明双方合同履行完毕。在逻辑关系上，不成立已经履行的合同，还要继续履行的问题。其实，对方真意在于，要求我方对部分履行内容予以整改。由此可见，事实之辩，在逻辑关系上不能自乱阵脚。

法律之辩中，也关乎逻辑关系，三段论已是常识，实际上也就是演绎方法的运用。小前提中的事实部分，多采用归纳的方法，整个过程也离不开逻辑论证。就事实部分而言，逻辑关系必须做到周延。比如，我说本年度在下已取得十分成绩，对工作十二分满意，如果此时有人指出来，我输掉了一起不该输的案件，我会就此吃一记闷棍。这样的辩论，败局已定。

有了事实与法律，律师辩论中最重要的，还应当有风度。从《律师的艺术》中，我读到这样的内容："律师之间的精神应当是绅士般的竞争精神，而不应是残酷的和怨恨的敌对精神。"既然大家都接受过高等教育，保持基本的礼貌还是必要的。本埠曾闹出一个大笑话，某律师在庭上，向对方老拳相向，差点儿打瞎对手的一只眼。这位同人，改行做散打罢了，如此则武术界多个高人，律师界少了个笑柄，善莫大焉！

不知道现在的法学院，有没有设置专业的辩论课程，我上法学院的时候，居然没有这门课，偶尔课堂上会安排小型的辩论，内容也甚是粗糙。由于未接受过系统辩论课程的培训，而职业又必须以此为谋生工具，现在唯一的办法，就是摸着石头过河，可遗憾的是，石头倒是摸到几许，很多人河还没有过去。由此而论，各地律师协会应当组织安排辩论实务课程，给年轻人多加指导，以便提高职业的技能。

"真理越辩越明。"既然明白了辩论的益处，律师又以辩论见长，如果律师之间的观点有分歧，让他们拿出真功夫，带头公开辩一辩。如果律师没有经过辩论，就说某一方是错的，则某人的动机不纯，作此诛心之论，不但于其本人不利，对律师行业而言，也有百害而无一利。另外，如果能够让律师们带头，多在公开的媒体上唇枪舌剑，对倡导整个社会"摆事实，讲道理"，学会以理服人，进而在社会上形成良好的理性风气，应该是不错的举措。

让律师带头讲理，采用辩论的方式帮助解决争议，这不仅是律师职业的需要，也是引导社会进步与变革的良好开端。

06 成功乃成功之母

在《给年轻律师的信》一书中，艾伦·德肖维茨先生告诫年轻人，律师职业是一系列长期的考试，而考试标准通常就是“合格、不合格”。

以我的职业经验，律师职业最重要的考官，倒并不是法官，而应当是客户。客户花钱购买律师的服务，所要达到的目的，大体上也就是两个字——胜诉。因而，最大限度地去维护客户的利益，成为律师职业伦理中最重要的准则。职是之故，要在律师职业中，取得令人艳羡的成绩，在执业中不断取得成功业绩，成为律师业唯一坚实的基石。世人有时会同情弱者，但在律师界，弱者只会被边缘化，甚至被淘汰，此乃不二法则。

某次，某老客户来电话，约谈新案件的代理工作。但此公早就收到法院的传票，却迟迟未见行动，可当我们将前一案件的胜诉文书邮寄给他后，新案件又来了！——我想说的是，在世俗的世界里，更多的人并不关心抽象的正义，他们只在乎案件能不能赢。哪怕是本应该全输的案件，如果能够赢得部分的利益，对客户而言，也是求之不得的事；如果输掉不该输的案件，律师吹得再牛，也会被弃如蔽屣。这就是残酷的现实。

因而，在律师界，成功代理每一起案件（包括败诉案件），是律师的职业责任，也是律师发展的正途。为此，提高律师职业的技能，必然要成为律师的必修课。只有修好职业内功，才可能化腐朽为神奇，在无止境的职业考试中，逢凶化吉。所以，我认为在律师界，失败乃失败之母，成功才是成功之母。

在此，以下几点执业心得体会，可与大家分享：

1.须在自己喜欢的业务领域内,闯出一条路。法律服务的范围越来越广，要在众多的领域里，找一块自己的田地，深耕细作，练成高手。这是执业选择的问题，不要让人感觉“样样通、样样松”，不能成为万金油式的律师。现在的法律服务市场很大，但高端业务，多为专家型人物所占领。狮子大快朵颐吃肉，狐狼们只能啃点剩骨头，律师界也是非洲大草原。

2. 谨慎地选择要代理的案件。刚入行时，年轻人为了生计，只要有案件，无不通吃，这是没办法的选择。但当自己拥有一亩三分地之时，就必须选择代理的案件。因为最多，并不代表最好。做案件，最好少而精。不少，则无法做到精。

团队作战虽是个好方法，但当下的环境，团队作战并不是所有律所都能玩得起。故要有所选择，不能什么活都接，什么钱都挣。为了保住案件的成功率，谨慎选择风险较小的案件，不失为好方法。

3. 天道酬勤。律师练成高手，非勤奋工作没有第二条路可走。要想在律师界作出点明堂来，非有老黄牛精神不可。在诉讼案件中，赢得诉讼的最佳途径，就是要在开庭前发奋地工作。“天道酬勤，水道渠成”。

勤奋是职业的要求，也是职业的态度，还是律师职业的良心。在人生的每个阶段，努力地做好本职工作，都应当是做人的本分。此外，收了委托人的代理费，勤奋地为其工作，表明起码你还是个诚实的人，没有昧着良心做事。而诚实，是做人的最好的美德。

以上所言，皆本人一点执业感受。客观而言，我亦是律师界的普通一员，远非什么成功律师。更何况，何谓成功，也只是人云亦云的问题。我想表达的观点在于，律师界不适合娇生惯养者，只有不畏艰险的勇者，才能接受无尽的挑战，才可能在这门有学问的职业中，找到人生些许的满足感。

诚如西谚所言，先耕好你的田地，甘露随时可能降下。

07 提高讲故事的能力

先讲一则故事：

某个春光明媚的日子，有位盲翁坐在街头行乞，他满脸苍桑，一身疲惫，面前的硬纸板上，散放着几枚硬币。有位年轻姑娘路过，看到这一幕，拿起硬纸板，在上面写下一行文字："这真是美好的一天，而我却看不见"。女孩轻声离开——神奇的事情发生了，路过的人们，纷纷慷慨解囊。

这个故事告诉我们，故事的价值不可轻视。很多时候，我们习惯于讲道理，却忽视了讲故事。许多人讲道理讲得头头是道，但效果却奇差。因为人们习惯于讲道理，可基于人性的弱点，听的人第一反应却是，我为什么要听你的？而且基于立场与偏见，屁股决定了脑袋，大部分人总会在潜意识里，排斥他人的意见。可是作为法律人，摆事实讲道理，又是我们必须要做的工作。看来，最好的方法，还是莫过于摆事实、讲故事，用故事来讲道理。

有个常被拿来自残的故事，说女朋友与母亲同时落水，是先救女友还是老娘？如果有人说先救女朋友，道德家们一定会站出来，骂此人不是东西；如果有人说先救老娘，看来只能一辈子打光棍，哪个女人会嫁这种不要脸的男人？——其实，姑娘们忽略了一个重要的事实，就是你们早晚都会成为别人的老娘。这个难题怎么解决？如果一定要逼我，我只好说，我只会救我老婆，因为我的老娘去世了。——这是另一个悲伤的故事。

上面这个缺德的故事，很难用来说明某个明确的道理，如果一定要说有什么道理可言，只能说姑娘们有时是不讲理的，尤其是在谈情说爱的时候（开个玩笑）。如果再发挥一下，大概可以说明，在我们平凡的一生中，总会遇上棘手的难题，我们无可逃避，无从选择，但又必须勇敢地直面它。至于结果会如何，只能尽人事、听天命。

我们从事法律职业的人，最不缺少的就是故事素材。我在体制内当差，做过公诉业务，遇到的全是杀人放火的重案，每一个案例都是故事，而每一个故事的背后，无不有深刻的道理。某个木工上门讨要装修工资，主家不但不付工钱，还大骂并要动手打人，木工掏出做工的凿子，将主家的双眼戳瞎，将主家弄成了脑瘫。开庭时，木工解释说，我去要工钱前，在家揲了一卦，爻卦显示为凶卦，所以带上工具，以防不测。这个小人物，一审被判无期徒刑。——此故事告诉我们，做人还是应该厚道点，再牛的人，也干不过凿子。

现在我不做刑案，每天遇的也还是故事。听说专做离婚案件的同行，遇到的故事更精彩，但律师不能消费客户的不幸，在此就不再举例了。我曾在此前的小文中说过，我们可以通过讲案例，来向客户兜售故事，从而得到讲道理甚至营销的目的。这是重要的一项技能，法律人必须要学会。

讲故事，而不是直接讲道理，《伊索寓言》可谓经典。野猫抓住一只公鸡，打算美餐一顿，但考虑到面子的问题，它给出以下的借口：你每天清晨打鸣，扰了我的清梦。公鸡解释说，我打鸣是为了叫醒人们起床劳动。野猫一时语塞，又说，可你违背伦理，与自己的母亲与姐妹交配！公鸡辩解说，我这是为了给人们提供更多的鸡蛋。野猫大怒，说："你给出这么多的理由，难道我就不吃你了吗？"

故事到此，讲不下去了。——面对打算吃定公鸡的野猫，道理讲得再多也没有用，慷慨赴死才是最好的选择。

第三部分

专业化

01 专业化是立身之本

掐指算来，本人忝列为律师，已近20年。时间越长，执业中越谨小慎微，但凡不熟悉的业务，我基本上不去碰，就是较为熟悉的专业领域，亦时有如履薄冰之感。

这倒并非自谦之辞。法律领域，范围之广，问题之多，难度之大，穷尽毕生之力，亦不敢轻言，可以登堂入室，更遑论成为专家。吾辈之职业，要断人的生死，一得可以保人性命，还人以自由；一失竟可置人于死地，或要其将牢底坐穿；就民商事案件而言，一案可救一企业，亦可让其关门歇业。就此而论，法律职业责任重大，实在不能等闲视之。

初入律师门，多为鸡毛事，输赢多无碍。尽人力、听天命，于心无愧，便能心安。可执业年限越久，遇到疑难杂症越多。这如同行医，年限越久，病人多以为这个医生道术高明，上门拜求就医者，常常也会络绎不绝。但事实上，这类医生，治死病人的概率，可能亦很高。我现在常会遇到一些案件，如人之病入膏肓。有时，尽全力，亦无力回天；偶尔得手，也是天时、地利、人和，种种机缘，合力促成。这当中，我尤其要强调，专业能力最要紧，其他种种，都是机缘。

专业能力强，首先可以保证，不会在代理案件时，因能力欠佳而祸害客户。我偶尔有类似炒夹生饭之类的案件，如中途接手的二审案件，一审煮得半生不熟，法律关系、案件事实，都出现重大疏漏之类，再来处理此类案件，常常会苦不堪言。当年，为了生计，是案件都得接，现在基本上不接这类活了。炒夹生饭，手艺再好，也炒不出美味。

专业能力要紧，在于专业选择，门类一定要窄。术业有专攻，窄门往往是正道。律师为生计，发展之初，每类案件都得尝试，作练兵之用，还要有师傅把关，以防万一。待到自立门户，须有专业选择，根据自身的爱好、服务对象、个性等综合权衡，找到一亩三分地，精耕细作。找小问题，作深研究；养得根深，才能叶茂。我法学院毕业后，第一份职业先与刑事法律有关，后来做律师，因个性与机缘，渐渐放弃刑法专业，专注于民商法实践。可民商法瀚如烟海，如不再作分类，专业必将"样样通、样样松"，这可非我所愿，故我又在其中，选择建筑房地产、公司类的法律实务，以期实现专业聚焦。事实证明，一专多能，才有出路。

专业能力第一，必须保证有业务分工，不轻易插手陌生业务。许多输得血淋淋的惨案，多是因为专业能力不足造成的。因水平问题，造成案件处理失当，于律师而言，无关宏旨，大不了丢掉一个客户，就是律所要赔偿，也还有执业保险。可对客户来说，如前所述，输一案可能致命，可能关门歇业。由基于此，遇上不熟悉的业务，正确的处理方式，是交由专业律师处理。各方将利益安排妥当，皆大欢喜。客户获得满意服务，才是核心问题。再说，分工协作，才能共赢，此乃经验之谈。

除非天才与疯子，否则没有人胆敢吹牛，说其可在浩瀚的法律界，成为百科全书式的人物。个体自身的局限性，注定我等律师，只能于某专业内，择一处小口，掘一处深井。若机缘巧合，有幸碰上泉脉，得涓涓之甘泉，则名利双收。如若不然，则寂然一生，作稻粱之谋，此乃命定。

02 为什么要坚持专业化

法律服务从古罗马时代始，便成为一门职业，经过千年的发展，已形成完整的理论体系。只是本土的法律服务起步太晚，对于如何做、为什么要这样做，多还处在摸着石头过河的阶段，故此话题才有再三言说之必要。就笔者所见，法律服务专业化的价值，至少可以从以下三个方面展开。

首先，专业化可以提高法律服务的质量。由此展开，可以得出的结论是，专业化可以更好地为客户服务，最大化地维护委托人的利益。法律服务的生命，即在于创造价值。客户的利益，可以间接体现为国家利益、社会利益，最后落脚到服务者的利益，以实现各方共赢。这一点在商事法律服务中体现得更为充分。

法律服务的专业化，在展示服务价值的同时，也充分展现出法律专业的价值。在法治社会里，法律专业的价值不可低估，但任何事物的价值，要得到社会的认同，必须要通过社会实践来检验。就法律服务而论，提高服务的质量，专业价值必然会展现出来，从而证明律师业是一门有学问的职业，而非靠耍嘴皮、玩文字游戏就可以胜任。

由此展开阐述，律师通过法律服务创造价值，提高全社会对法律职业的认同。尤其在没有法治传统、对律师职业价值的认识尚存在分歧的社会里，律师通过专业化的服务，将自身融入法治现代化的建设过程之中，对提高律师社会地位，实现社会认同有重要的现实的意义。律师作为“在野法曹”，其是在服务客户的同时，实现服务国家之目的。要让全社会形成此等共识，必须建立在律师能为社会发展创造价值的基础之上，而专业化为此提供了保障。

其次，专业化是业务拓展的利器。因为专业化更容易产生影响力，律师在某一专业形成权威，必然会在客户群体中形成口碑，而口碑是最好的广告，能源源不断地吸引专业客户。客户更喜欢专家，就像病人更愿意选择专家门诊，此乃非常浅显的道理。

在法律服务市场不断细化的时代，通过分割市场来实现专业定位，以细分需求来进行专业分工，是律师专业化之路的必然抉择。通过差异化来定位自己的品牌，必须通过专业化来实现。采用这一方法的好处即在于：一方面，因为律师更精通某一专业，使得其在同行中更容易被潜在的客户识别；另一方面，专业化可以满足客户的高端需求，因为客户通常需要的是专才，而非通才。故此，律师应当成为某一专业的专家，才可能在惨烈的市场竞争中立于不败之地。

专业化有助于业务开拓，增加律师之间合作的机会，便是最好的例证。对于律师而言，业务拓展的机会近在身边，同行和同事就是最好的业务源。以本人为例，随着律所规模、行业圈的不断扩大，每年都会从同行处得到案源，这与专业化无不相关。同行之间形成良好合作关系，对增强律所的凝聚力，扩大律所及专业律师的影响力，均不无裨益。

最后，专业化会让律师喜欢甚至享受自己的工作，进而提高职业的幸福感。专业化的这种好处，很少有人提及，但我却深有体会。由于长期在某一类专业上发力，对该专业的问题，基本上能做到如数家珍，而且对其中某些争议点，也会形成个人见解，兴趣也会随之不断增加。诚哉斯言：做自己喜欢的工作，人生就像是天堂；做自己不喜欢的工作，人生形似苦役。律师每天案牍劳形，兴趣不可缺失，而专业化是培养兴趣最好的途径。

另外，专业化保证了执业水准，让律师不会沦为廉价劳动力，在确保业务量的基础上，办案可以做到“少而精”，以质取胜。业界的专业大佬，许多人已经达到挑案子做的境界。前文曾提及，美国的德肖维茨先生，每年可以在5000起案件中，选择要代理的案件，算得上是传奇式的法律人物。专业化到了登峰造极的层次，做业务完全就是在做兴趣了。

对企业如何获得和保持竞争力，《定位》一书的作者艾·里斯，以一个简单的自然现象给出答案：“太阳的能量为激光数十万倍，但由于分散，变成了人类皮肤也可以享受的温暖阳光，激光则通过聚焦获得能量，轻松切割坚硬的钻石和钢板，企业和品牌要获得竞争力，唯有聚焦。”此论用于说明法律服务专业化的价值再恰当不过了。

■03 专业化应当做“加法”

《麦肯锡方法》中说，麦肯锡人把项目称为“研究”，他们以科学研究的态度和工作方法，来解决商业问题。读此书，联想到律师界念兹在兹的专业化问题，生出些许的想法。

读一同道之文，说专业化就是要做“减法”，将不喜欢做或不愿意做、做不了的业务，交其他专业律师，以便更好地在自己的一亩三分地上耕耘。此论当然正确，但将此方法称为做“减法”，是否得当，似有再议的余地。就我所见，律师不能成为“万金油”，但如果只做某方面的法律服务，言之为专业化，似乎并不全面。专业化说起来易，做起来很难，要成为某方面业务的专才，而非通才，至少要在三个方面“扎硬寨、打呆仗”。

一是法律理论上的“专”。胡适先生言，“为学犹如金字塔，要能博大要能高”，有人说理想的人才应当呈“T”字型，即是此理。从事法律工作，如没有专业理论的支撑，谈专业化显然就是笑话了。理论之重要，乃为学做实务的基础。根基不牢，树不会长高，即便一时间长得高，一有风吹草动，也有折倒之虞。又说，理论就像灯塔之于夜航者，白天没有人会在意岸上的灯塔，但夜晚航行时，灯塔的重要性就不言而喻。

在法律理论“专”的基础上，再谈法条的熟悉，谈司法意见和专家意见，这样才可能谈专业化。法条不熟，也就谈不上专业。做商事案件，《合同法》总则要熟记于心；做建筑工程案件，《建筑法》以及相关的配套法律、法规要熟，工程案件相关的司法解释，不但要烂熟于心，最好还能清楚该解释的结构，每一条背后的原旨，以及在实务中是如何适用，甚至解释条文起草过程中的争议、出台的背景，都必须是门儿清。此方法如同掘井，掘地三尺，不得泉眼，只能就地再掘三尺。

这里有必要强调，要研读学者与专业同道的文章。理论研究不可偏废，如同前述，没有理论支撑，看问题不会有高度。又，专业上没有造诣，何以成为专业化的律师？再，接触最新的理论文章，可以开阔专业视野，了解业界最新动态，以便再造专业人才的格局。

二是对服务领域要“懂行”。法律服务领域太广，要深入某一个服务领域，成为法务专家，难矣！某次工程法律研讨会，有年轻人说做建筑房地产律师，最好有建造师、造价师，诸如此类的专业背景。当然，业界不乏这样的牛人，但可惜不是你我。在我看来，就法律服务而言，就服务领域能做到“懂行”已不易，不必苛求。大家都要吃饭，一个人想吃独食，只能是痴心妄想。服务领域内的专业问题，不懂可以虚心若愚，向业内高人求教，再不行请专家辅助人出手。先得保证起码算是半个法律专家，才可能称为专业律师。

所谓懂行，是必须了解某个行业运作模式，最好还能知道某行业的内部规则，甚至是潜规则。比如，建筑业中普遍存在的挂靠问题，得知道管理费的费率是多少，内部承包制下的财务管理与结算，劳务清包与大清包区别等，诸如此类的业内问题，说明此人确实算是“懂行”，而并非在虚张声势。所谓外行看热闹，内行看门道，企业老板们都是业界翘楚，半小时之内就能摸清律师的底细。职是之故，专业化必须做到“懂行”，否则没有能力开拓专业的市场，专业化就成了空中楼阁。

三是要熟悉专业领域最新的司法裁判规则，也就是要熟悉案例。这是专业化最接地气的话题，因为任何行业领域里的争议，最后都可能变成法律问题，而如何解决这些问题，须知道最新的裁判规则。不掌握最新的裁判规则，不能称为专业律师。要成为某个行业的专业法律服务者，必须站在争议领域的前沿阵地，否则就不可能知道该行业里，现在的争议问题主要有哪些，司法裁判的规则如何。尤其是对于法律、法规、司法解释、所在地高级人民法院的司法意见等，没有明确规定的问题，最高人民法院的相关判例，就可能成为同类案件裁判的规则。甚至地方高级人民法院的判例，也可能形成该地区司法适用的规则。所以，必须研究案例，案例研究的数量越多，对某一行业的争议问题，就会做到心中有数。

此外，研究案例的另一价值，是可以帮助律师熟悉其服务的行业。因为，行业内的专业术语、争议的问题，在裁判文书中都必然会涉及。熟悉某一行业，研究案例是捷径，故要成为“懂行”的律师，可以从研究案例入手。司法裁判文书上网，为律师们提供了捷径，随时都可以下载海量文书，进行专业研究。建议有心者通过专题选择，将行业内专业大问题，分解成专业小问题，进行系统的学习、归纳，形成专业积累。

以上所论，旨在说明律师专业化问题，其实应当做“加法”，须在具备法律理论、熟悉行业规则、研究海量案例的基础上，以科学研究的态度和工作方法，经年累月苦心求索，方有实现的可能。

04 培养专业的热情

艾伦·德肖维茨《致年轻律师的信》，以“激情点亮人生”专篇，谈到职业热情的问题。他正告年轻人：“不要把激情保留在卧室里，而应将其延伸至整个职业生涯中。投入工作中的时间和精力，将远远多于男欢女爱，或者健身、美味和听歌剧……激情与专业性并非水火不容。”[1] 此论毋庸置疑，问题在于，如何才能保持职业热情？

经典管理学《从优秀到卓越》一书中，吉姆·柯林斯给出“刺猬理念”，并以三环图作以解释，在我看来，此论不但可以解答上述问题，还可以诠释企业抑或个人，实现跨越式发展的路径。且看下图：

1 ［美］艾伦·德肖维茨：《致年轻律师的信》，单波译，法律出版社 2009 年版，第 13 页。

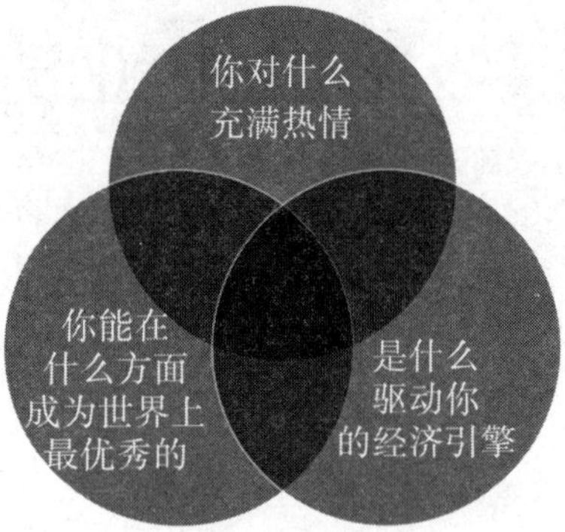

刺猬理念图

（图片来源于网络）

刺猬理念强调，必须从三个方面入手，找出三者的结合点。也即，做最喜欢的工作，做最擅长的工作，做能创造经济效益的工作。三者环环相扣、缺一不可，否则都不能持久。很明显，此理念首要的因素，仍在于“你对什么充满热情”，热情不能凭空而来，必须做擅长之事，要以经济利益作为支撑。

另外，擅长之事（在什么方面成为世界上最优秀的），与人的兴趣休戚相关。甚至可以说，专长与兴趣，是一个铜板的两面。若对职业无兴趣，无法做到世界上最优秀，能做身边小圈子里最优秀都很难。对如何成为某领域的专家能手，管理学给出工作 1 万小时之说，折算起来大概 7 年。但环顾左右，工作 7 年，仍无法入门者，比比皆是。原因在于，要不没有工作热情，要不未做擅长之事。此情况，在法律行业内，法官职业犹为明显，在刑庭忙得热火朝天，突然人事调整，安排到民庭工作。这种工作方式，要能成为专家型的法官，非身赋异禀之人，难矣。

史蒂夫·乔布斯言：“找到你的所爱。”此言大致不谬，但还得找到驱动的经济引擎。说得直白点，律师还要有创造财富的能力，且不只是为了养家糊口，层次与境界都要更高。艾伦·德肖维茨说：“我们处在一个受市场驱动的经济环境中，供求关系决定了回报的多寡。我在这里关注的不是制度是否公平，而是它对职业选择的影响。”

我的理解是，律师要保持职业的热情，必须找到自己的专业兴趣，利用专业知识的特长，提供专业的服务，不断为社会创造价值，同时也为自己创造未来。

05 裁判文书的价值

执业近 20 年来，本人多年养成的职业习惯，是将处理过的案件法律文书，单独留存，装订成册。这么多年下来，已攒下数量可观的民商事裁判文书。

虽然不可能做到，对已处理的案件，都了然于胸，但总会有些案件，就像吃饭时不小心咬上的石子，硌得让人难受。对于此类个案，我倒可以如数家珍。作为民商事律师，不只是所谓成功案例，会让人记忆犹新，最让人耿耿于怀的，反倒是那些自认为会赢，却输掉的个案。

案件为什么会输？我习惯于从自身找原因，从裁判文书中去找端倪。孟子所言，“行有不得，反求诸己”。在事实与法律之外，如果还有不可知的力量，在左右案件的命运，最好的途径，也莫过于通过法律文书来把脉。故此，研究裁判文书，必须成为法律职业最基本的功课。

对裁判文书进行类型化研究，是专业精深的路径。虽然，这不一定是最好的职业进阶方法，但以“问题驱动”的方式解决问题，不失为有的放矢、目标明确的正途。在法律工作中，很多人逐渐失去深入细致的习惯，进而渐渐失去执业的热情，其重要的原因即在于，没有了“问题意识”。执业时间久了，就习惯于凭经验来办案，可经验会过时，经验也会错误。而裁判文书，是法律的源头活水，可以不断提供新问题。

本人之所以主张，要对案件进行类型化分类研究，是基于专业化发展的需要。现在社会分工日益精细化，法律的门类大而宽泛，不可能样样通，除非你是法律界的全才，像是我国台湾地区的史尚宽先生。否则，专心于某一两个法律类别即可，律师如能专精于某一门法律专业，也是非常不错的选择。以案由来整理裁判文书，作类型化分类研究，进行比较综合，很容易对某类问题，在较短的时间内形成知识体系。如果再尝试将研究心得行诸于文，是最好不过的职业“精进”方法。

裁判文书是司法公正的载体，也是某些错误裁判的载体，故其价值还在于，可以通过研究文书来揭示案件真相，让法律人与法律消费者，共同成为司法的监督者。裁判文书的这种价值，在我们这里一直没有很好地实现。现在互联网提供了平台，司法文书上网成为一项司法政策，善莫大焉。当下的司法文书上网，数据已经相当可观。民商事案件，只要不涉及当事人的隐私，都应当公开，涉及当事人隐私的案件，也可以通过技术处理后，再行上网。要充分发挥裁判文书公开的作用，推动司法裁判者的自我革命。

研究裁判文书，学会从自己与别人的教训中总结经验，来提升个人执业水平，当然属于裁判文书实务的功效之一，但这只是较低层次的目的而已。如果再提高要求，法律人可以通过对裁判文书的研析，以专业眼光与判断力，在实务研究的同时，实现对权力进行监督，则一举多得，功莫大焉。

06 案例研析的价值分析

定期收集司法案例，对实务工作者而言，重要性不言而喻。律师采用大数手法，对某类案件的裁判思路、趋势作出总结与分析，就是用归纳的方法作法律实证研究。以笔者的体会，收集研析司法裁判案例，至少在以下三个层面上，对律师专业发展大有裨益。

一是通过收集研析某类案例，熟悉争议所涉及的行业知识，为法律服务的专业化铺路。前文已述，了解一个行业的法律问题，最好的方法就是读所涉该行业的裁判文书。因为，但凡某个行业，所涉及的争议问题，最后多会通过诉争的方式，归集到裁判机构，再以裁判文书形式展现出来。

比如，从事建筑房地产领域的律师，如果不懂该行业的专门知识，就很难从市场上获得服务的机会，原因在于与客户沟通时，对方会发现该律师对争议问题不懂行（并非不懂法律问题），如何才能懂行呢？除非你系复合性人才，否则最好的办法，就是阅读海量的专业案例。因为所有与这个行业相关的行话（专门性问题），基本上都可以在裁判文书中找到。当然，如果有机会，与同行多办此类的案件，效果则更佳。可是若没有此等机会，建议通过阅读海量的案例，先来解决懂行的问题。

不迈过懂行的门槛，没有可能实现专业化。现在法律服务市场的细化，已经到了非常精深的地步。律师业也有隔行如隔山之态势，故必须深耕细作，必须就某几个行业把行情弄得门儿清。

二是通过持续关注研析专业领域的法律问题，掌握司法的最新裁判动态，保证自己可以站在法律服务的最前沿。社会在不断发展，对同一法律问题的认识、裁判理念也会不断更新。比如建筑工程领域的争议，原先认定的民营投资的房地产开发项目，未经招投标签订的施工合同无效，但现在除非该项目系法定必须招标项目，否则施工合同应当认定为有效；又如原先对实际施工人是否享有工程款优先受偿权，司法认定多有不同，同案不同判的现象非常严重，但最新司法指导意见是与发包人签订施工合同的承包人才享有优先受偿权，实际上已排除掉实际施工人优先受偿的权利。

当然，对于有司法解释或司法指导意规定的问题，我们也可以通过读相关规定找出答案。但对于没有明确意见的问题，通过收集案例进行归纳分析，从而指导法律实务，已成为法律人重要的办案方法。在实务中，我们通过大数据分析，来研究案例的裁判规律，指导办案。不断研析最新出台的裁判文书，关注法律裁判最新的动态，此举至少可以保证，律师能站在专业服务的最前沿。

此外，收集研究裁判文书，作为一种法律实证的研究方法，具有方法论上的重要意义。此论可以从两个方面来议，案例研究是从具体个案入手，来分析法律适用的问题，作为律师职业的方法，长期进行类案研析，积累专业知识，以实现专业化发展的目的，是法律职业的一种门径；此外，案例研究作为法律实证研究的方法，对专业精深意义重大，可以帮助律师成为某类行业的法律专家。专业化必须建立在海量的案例实践基础之上，是从量变到质变的过程，这是专业化发展的不二法门。

最后，必须提及的是，实例研习虽然意义重大，但实例多偏重特殊与个别的问题。诚如王泽鉴先生所说，为避免“仅见树木，不见森林”，实例研究必须与传统的法学教育方法密切配合，不宜偏废。依我个人之见，理论研究当然也是重中之重。作为我等法律人，实例研习的目的，应多从职业方法论的角度去考量。

朱熹诗：“问渠那得清如许？为有源头活水来。”如此看来，说裁判文书是法律人的源头活水，应该是契合的。

07 法律人的思维

法律人的技艺，主要在于论证。能不能说服法官，乃至能不能说服不特定的公众，论证水平至关重要。而如何科学地进行论证，却又与逻辑思维是分不开的。下面的故事，可以说明这一问题。

古希腊人普罗塔哥拉，是智者学派的哲学家，同意教授尤特鲁斯辩论术。双方约定，课程结束时支付一半学费；剩下一半则在尤特鲁斯第一次在法庭上胜诉后付清。尤特鲁斯迟迟不肯承接任何诉讼的代理，普罗塔哥拉最后为一半的学费，将尤特鲁斯告上法庭。于是产生以下两难：

如果本案判我胜诉，则尤特鲁斯必须依据法庭判决付钱；如果是他胜诉，则他必须依据合约付钱给我。但是本案必须判决一方胜诉，因此，在任何情况下他都有义务付钱给我。

尤特鲁斯提出以下答辩：

如果本案判他胜诉，那么根据合约，我不必付钱给他；如果判我胜诉，那么依据法院判决，我不必付钱给他。但是本案必须判决一方胜诉，因此，在任何情况下我都没有义务付钱给他。

对一个未经法律思维训练的人，很容易为两人的诡辩术所迷惑。因为看上去，两方讲得好像都很有道理。但如果采用法律思维细究起来，就可以清楚地识别出他们辩论中的问题。

通过法律思维来分析，先得辨析两方之间存在何种法律关系，然后辨别双方对学费支付的具体约定，法律行为的性质是什么。显然，普罗塔哥拉与尤特鲁斯之间，形成服务合同关系。双方对服务合同的对价（学费）作出特别的约定，即后一半学费是要在“尤特鲁斯第一次在法庭上胜诉后付清”。这从法律性质上解析，应属于附条件的法律行为（见《民法总则》第158条、第159条规定）。对于附条件的法律行为，法理上分为附生效条件与附解除条件，在本例中显然属于附生效条件，即在“尤特鲁斯第一次在法庭上胜诉后”，其必须将另一半的学费付清。但问题是，尤特鲁斯迟迟不愿代理案件，从而应当推断，他的行为是否符合“为了自己的利益，不正当地阻止条件成就，依法应视为条件已成就”的法律规定。如果符合该规定，则尤特鲁斯的官司，定然会输。也就是说，尤特鲁斯的学费，从法律上判断，应当支付给他的老师。

现在我们再回头分析，两位诡辩家在辩论中出现的问题：

依笔者之见，他们是将法庭的判决，与合约的约定故意割裂开来，以至于两人都认为判决与合约同时对双方均具有约束力，这种错误显而易见。在法律人看来，合约作为判决的证据，在判决结论出现后，合约是否具有拘束力，已经由生效的判决所确定。也就是说，在判决书出台之后，双方的权利义务已由判决书确定，而不再由双方的合约来确定。因此，在法律人的眼中，两位诡辩家是在同一个地方，犯了同样的法律错误。

法律人最重要的技术，即是利用法律思维，去分析、论证，从而对问题给出结论。用文艺的方式来表达，法律人的本领，即在于掘开事实的迷宫，沿着法律的通道，艰难地从迷宫中走出来。

08 案子为什么会有趣

艾伦·德肖维茨的《致年轻律师的信》中有则故事，曾有一位法学专业学生，问纽约上诉法院时任法官本杰明·卡多佐（Benjamin Cardozo），为什么他审理的总是一些有趣的案件。卡多佐先生回答，那些案件只有当他开始思考时，才变得有趣起来。

上面的故事很有启发性，我刚开始做律师时，发现身边的许多同行，他们对工作总是抱有使不完的热情，每天都要忙到很晚，双休日也常坐在办公室，扑在材料堆里。我起初的想法是，这些同事是因为业务量大，才会这样忙，后来慢慢发现，情况与想象的并不一样。

法律这个行业，有其自身特色，许多待解决的问题，并不能立即黑白分明，许多问题本身即“黑白不分”，因而也即是难题。但作为法律人，却必须给出个明确的结论，以便定分止争。就像多年前南京发生的“彭宇案”，当时彭宇有没有撞倒徐老太，案件中并无直接证据予以佐证，但法官依据日常生活经验，自由裁量予以裁判，认定彭宇撞倒了徐老太，没想到此判决捅出了天大的娄子。我想表达的意见是，正是因为许多法律问题，并不能像一加一等于二，可以给出清晰的答案，这迫使法律人必须认真地坐下来，利用法律知识，思考其中的问题，以便给出正确的解决方案。这种思考的过程，使得案件有趣起来。

德肖维茨书中引用了一个犹太法典上的故事：在一堂财产法课上，老师解释说，如果一个人在距离其房子 50 英尺的地方发现一只珍稀的鸟，那么这只鸟归他所有。但如果有人在距别人房子 50 英尺以内的地方，发现一只珍稀的鸟，这只鸟将属于距发现地点较近的房子的主人。学生杨·杰瑞米阿举手问道："但是，老师，如果鸟的一只脚在 50 英尺以内，另一只脚在 50 英尺以外，又该怎样规定呢？"法典上说，由于问了这个问题，杰瑞米阿被撵出神学院。

其实，正如德肖维茨所言，法学院里的许多难题，都是鸟的一只脚站在分界线的一边，另一只脚站在另一边。但"这是自豪之脚，偏见之脚，言论自由之脚"。法律人的价值，正是在解决这些难题的过程中才能彰显出来，而解决这些难题的过程，其间必然充满争议、分歧、偏见，甚至于夹杂着贪婪与私欲。

冯象先生在《政法笔记》一书中，记述其报考法学院的时候，王浩先生曾赐信劝阻，坦言他不喜欢律师这个行业，认为对于人生无大意义，赚钱而已。我当年读到此文，也曾心灰意冷，因为没有了退路，只能一路坚持下来。现在想来，王浩先生意见确实具有一定的代表性，但任何职业，均有其自身的价值，一棍子全部打死，是不对的。法律职业虽不是最好的职业，但绝不是最坏的职业，甚至可以说是尚好的职业，因为它首先表现出来的就是专业性；另外，它可以让我们每天都要直面新问题，因而挑战无处不在；此外，能赚钱的职业为什么就无意义呢？

法律职业的挑战性，使得参与其中的法律人，不论是法官还是律师，都必须要直面难题，这一方面让法律人在思考的过程中，享受到思维的乐趣；另一方面，问题的解决，又增强法律职业的专业特质。案子为什么会有趣，答案即在其中。

09 如何记住专业知识

在法律职业专业化过程中，熟练掌握并运用专业知识，重要性不言而喻，但如何熟记专业知识，往往又成为难题。为此，我现以《最高人民法院关于审理建设工程施工合同纠纷案件适用法律的解释（二）》（以下简称《施工合同司法解释二》）为例，向读者推荐一种思维导图的工具，以期协助解决此类难题。

思维导图作为一种学习工具，其实就是运用逻辑思维的方法，在激发人的想象力的同时，将思考的过程可视化。该方法最重要的功能，即在于解构知识，或者说厘清知识点的逻辑关系，以图示的形式展现出来。它不仅可以用来作学习笔记，还可以帮助写作与演讲，对于记忆专业知识，有非常明显的作用。

《施工合同司法解释二》共计 26 条，涉及施工合同的效力、工期、质量、价款结算、鉴定、优先受偿权、实际施工人以及实施时间等内容，要将这些内容熟记于心，如果没有好的方法，似乎确实有点难办。但若采用思维导图，将司法解释的内容予以分解，理出该司法解释的内在结构，我们就可以在较短的时间内，了解并掌握解释的主要内容，并能够快速记住（如图 1 所示）。

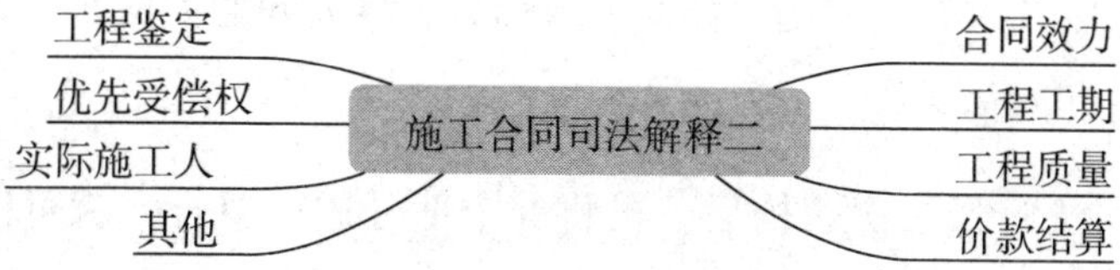

图 1　《施工合同司法解释二》结构思维导图

上面的知识结构图，可以被想象成由 8 根柱子支撑的金字塔，通过这种联想，结合图表法的形象思维，记住此司法解释的框架，也就不难了。据说，人一次最多可记住 7 点内容，而上述解释的结构正好符合（实施时间可忽略）。我正是通过这种方法，用较短的时间记住该解释的结构。

为掌握司法解释的全部内容，还需要对主要内容再行分解，将每个部分的内容，逐一分解得更为具体，再行分别单独构图。比如，我们可以针对优先受偿权，将该部分作如下整理（如图 2 所示）。

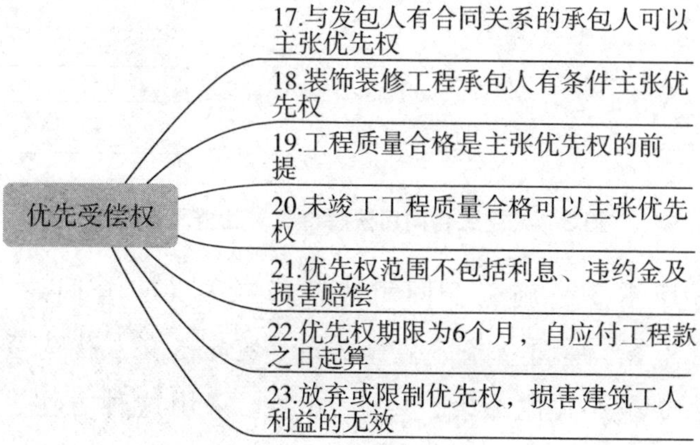

图 2　优先受偿权思维导图

从上面的图示中，我们可以清晰地看出，此司法解释对于优先受偿权共作出7条规定，分别涉及主体、适用前提（质量须合格）、优先受偿的范围、期限以及放弃的效力。如此分解内容，将大问题变成小问题的组合，记忆就变得相对简单。

对此司法解释二次解构后，再将8个部分进行整合，就可以用一张完整的思维导图，来清晰地展示此司法解释的结构，以及全部的内容（如图3所示）。

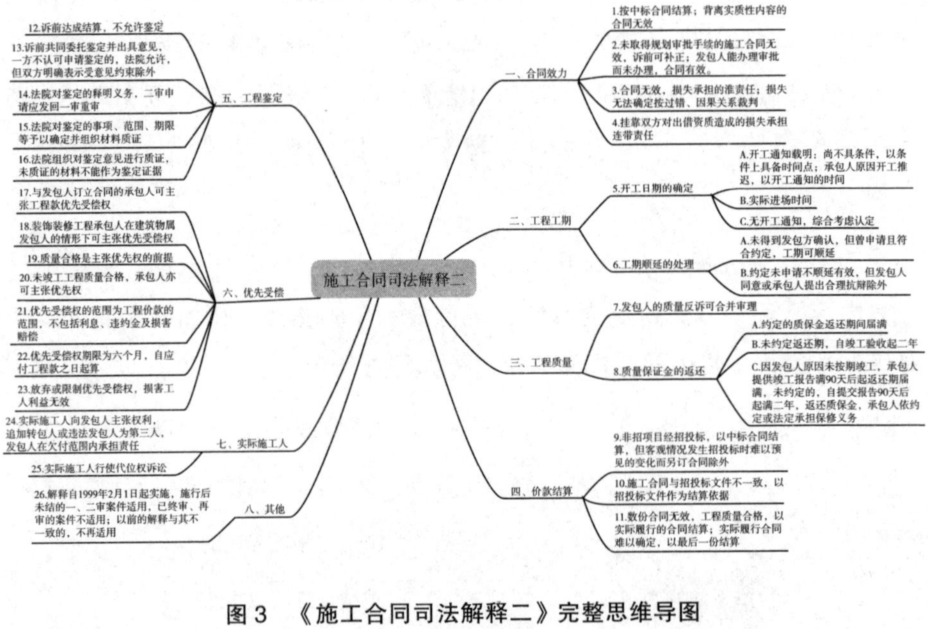

图3 《施工合同司法解释二》完整思维导图

如图3所示，《施工合同司法解释二》关于合同效力的规定共4条、工期2条、质量2条、结算3条、鉴定5条、优先受偿权7条、实际施工人2条、其他1条，共计26条。采用这种方法，层层分解，形成可视化内容，如此掌握解释的全部内容，难度系数就很小了。

“工欲善其事，必先利其器。”我们法律实务工作者，为提高学习工作的效率，掌握并运用一些新技术，重要性须再行强调。思维导图此类学习软件，现已并不时尚，关键是要学会运用。用上好的工具，工作学习事半功倍。如此做事，不亦乐乎？！

10 请求权基础的法律方法

民商事案件的代理，尤其是做原告的代理人，如何从法律层面做好工作，乃我等律师工作的重点。刚开始执业时，我也曾一度跟着感觉走，没有章法可循，工作的哲学，莫不过奉行“白猫黑猫论”，只要案结事了，方法被当作了次要问题。

从业十多年之后，我终于有些心得体会，觉得实在有必要说出来。过河总要解决桥与船的问题，也就是方法的问题。民商案件的代理，主要目的在于定分止争，解决当事人之间权利义务的归属问题。没有方法，或者说没有好方法，当然也能解决一些问题；但有好方法，对于代理工作，可谓如虎添翼。

言归正传。本篇所谈的请求权基础的方法，并非系本人的发明，我也只是在此借花献佛，但此方法如此重要，值得推而广之，以便更多同行掌握并运用。王泽鉴先生大著《法律思维与民法实例》，用整本书解析何为请求权基础的法律方法。这本书对法科生而言，应该并不陌生，但先生用的是中国台湾地区式中文，表达上与我们多有不同，很多人读上几页，也就昏昏欲睡。但此书如此重要，我建议未读过此书的法律从业者，要再三研读。我给自己定的任务是，务必隔些时日，就拿出玩味一番。就实务方法而言，我尚未发现出其右者。德国学者梅迪库斯的《请求权基础》，出版时间较此书更早，但译本不忍卒读。

请求权基础，是指支持一方当事人向另一方当事人主张权利的法律规范。易言之，即“谁得向谁，依据何种法律规范，主张何种权利”。王泽鉴先生说：“请求权基础是每一个学习法律的人必须彻底了解，确实掌握的基本概念及思考方法。”王先生早年留学德国慕尼黑大学时，曾参加Larenz（拉伦茨）教授的民法研讨会，第一次听到请求权基础之理论，认识到请求权基础蕴含着法律思考的精义，受此启发产生写作此书的动机。

依据王先生上述的解释，请求权基础方法，也即找法的方法，似乎并不玄乎，但实务操作起来，实非易事。能得心应手，正确运用此方法，必须建立在对民法典及其理论的精确、熟练掌握之下。且看，王泽鉴先生中书所列的案例，及其解析的过程：

实例：19岁已婚之甲于10月1日向乙电器行的店员丙表示愿以价金若干购买A电脑，丙即承诺，约定翌日交货。乙发现价金偏低，乃以甲仅19岁，店员丙为18岁，认为买卖契约未成立，拒不交付该电脑。试说明其法律关系。

在上题中，甲能否向乙主张交付A电脑，并转移其所有权，其请求权基础为第348条（指我国台湾地区“民法典”，下同），须以甲与乙之间成立买卖契约为前提。

1. 甲对乙的请求权基础：第348条（第348条：物之出卖人，负交付其物于买受人，并使其取得该物所有权之义务。权利之出卖人，负使买受人取得其权利之义务，如因其权利而得占有一定之物者，并负交付其物之义务）。

（1）甲向乙购买A电脑的要约。

1）甲系19岁，未成年人，因结婚而有行为能力（第13III条：未成年人已结婚者，有行为能力）。

2）要约因丙的了解而生效（第95条：非对话而为意思表示者，其意思表示，以通知达到相对人时，发生效力）。

（2）乙的承诺。

1）丙是乙的代理人。

2）丙所为或所受意思表示之效力，不因其为限制行为人而受影响（第104条：代理人所为或所受意思表示之效力，不因其为限制行为能力人而受影响）。

3）丙的代理行为对乙发生效力（第95条同上。第103条：代理人于代理权限内，以本人名义所为之意思表示，直接对本人发生效力。前项规定，于应向本人为意思表示，而向其代理人为之者，准用之）。

（3）甲乙之间成立买卖契约（第345条：称买卖者，谓当事人约定一方移转财产权于他方，他方支付价金之契约。当事人就标的物及其价金互相同意时，买卖契约即为成立）。

2. 甲依第348条规定向乙请求交付A电脑，并转移其所有权。[1]

这种以请求权基础为思考的出发点，由具体到抽象、从特殊到一般，将问题层层推进，每推进一层次，都必须引用具体的法律条文；这种言必有据的方法，可以有效地防止法律人大而化之、跟着感觉走的办案恶习，也可以有效地防止个人思想与行动上的懒惰。但运用此方法，如不能对民法各编的内容娴熟掌握、融会贯通，则无异于痴人说梦。

1 王泽鉴：《民法总则》，中国政法大学出版社2001年版，第29页。

我在此做文抄公，对请求权基础的法律方法予以详细介绍，旨在希望有志于法律服务的同道，能熟练掌握此种利器。打铁还须自身硬，对于靠专业服务吃饭者而言，先将自身磨练成器，永远都是第一要务。

11 准备诉讼材料的方法

如何准备启动一起诉讼？如何收集整理材料？如何梳理论证诉讼代理的观点？这些都是律师执业中常见问题，其中如何准备诉讼材料，尤其值得讨论。

一、收集与分析案件事实，要放在第一位

大部分案件的胜败，均取决于案件的法律事实。因而事实对于案件来说是第一位的，必须予以厘清。许多案件，真相扑朔迷离，但法律人的本领在于，得强调法律事实，要用证据来固定案件事实。至于民商事案件的真相，如果确实没有充分证据可以证明，也只能以现有证据，由法官采用自由心证的方法，根据优势证据的规则，来认定案件事实，并予以裁判。

收集案件事实务必做到全面、客观。有一个经常遇到的问题是，对自己一方不利的证据，如何处理对待？实践中，许多同人采用回避的态度，或者采用轻描淡写的办法，以期蒙混过关。在我看来，这种方法是要不得的。如果这类不利于己方的事实，足以造成案件有败诉的风险，建议拟作原告的当事人谨慎从事，不要轻举妄动；如果不利的事实，只是

造成案件部分主张不能成立，作为原告代理人，当可以建议放弃该部分的主张；如果不利的事实，只是导致诉请部分存在争议，我倒觉得这是律师的机会。毕竟，高手与低手之间的区别，正在于此——皮肤科医生很少会治死病人，心脏手术风险最大，医生水平却被视为最高。

收集案件材料，应当引导当事人将涉案材料全部拿出来，由律师进行筛选。如果对当事人未提出要求，他们往往会自作主张，对材料自行取舍。比如，他们常将不利的材料，拒不示人；或者自认为某类证据，无关案件大局，没有必要拿出来。此时，作为代理律师必须有言在先，引导其拿出所有材料。至于采用什么方式引导，最有效的方法，莫过于正告客户，如果出现其他未尽的事实，可能会造成案件的败诉，此招非常好用。

二、体系化地整理案件证据材料

每一起复杂的案件，多会出现成堆的证据材料，如何整理、消化，确是个问题。没有经过专业的训练，律师可能无从不手。在整理案件证据材料的过程中，最有益的、最有效的、最受法官欢迎的，即在于采用清单法。不论何类诉讼，整理案件材料，清单法都是最有效的。我多年养成的习惯，即每起诉讼都必须制作证据清单，以表格形式，设置编号、证据名称、证明内容、页码等内容，形式美观大方，内容简洁明了。这种工作也是在帮助法官有效地工作，法官见到此类材料，最直观的印象是律师在用心办案，如果遇到对手的材料整理得一塌糊涂，案件未进入实质性阶段，其实已经赢了大半。法官也是凡人，我们得了解他们。

体系化，说得直观明白点，即在于材料之间的逻辑关系，一定要清楚。逻辑关系主要在于演绎法、归纳法，材料的整理多用归纳法，论证时多用演绎法。归纳法当中，还得考虑材料的重要性，将核心的证据放在前面，将次要的证据放在其后，在逻辑关系上，要讲究轻重缓急的次序。这样做的好处，即在于可以很好地展示办案人的思维过程，其实也就是让人明白，律师是如何论证案件的观点。

用可视化的图表法，来整理、表达案件事实、观点，此方法颇有价值，但限于客观的条件，庭审不可以使用多媒体，图表法多以纸为载体，效果打折。我也曾在多起诉讼中，采用过图示法来展示案件事实，主要用于阐述事实、论证观点，效果不错。用表格的方式，列出材料清单，也可视作图表法，与纯粹的图表法展示案件事实，有异曲同工之妙。另外，将技术运用于法律，对于我等法律人而言，这类知识还有恶补之必要。

三、大胆假设、小心求证

胡适先生说，科学的精神在于"拿证据来"；科学的方法，在于"大胆假设、小心求证"。我移花接木，将之作为准备诉讼材料的方法。《麦肯锡方法》一书中也将"大胆假设、小心求证"作为解决问题的方法，说明必有其道理。

在整理案件材料时，必须生成初始假设，简单地说也就是解决问题的初始方案。比如，在合同纠纷中，先得确定合同关系的成立并有效，然后才能主张对方的违约责任。如果合同本身无效，拿一份无效合同，去主张违约责任，定然会被驳回。职是之故，在整理案件材料时，首先一定得生成初始假设，然后检验初始假设，证成或者证伪。接着前面的例子来谈，如在合同纠纷中，初始假设为合同有效，但在收集证据过程中，却发现合同为无效合同，如建设工程施工合同纠纷中，必须采用招投标的项目，却出现"明招暗定"的情形。此时，就必须重新确定解决问题的方案，以主张赔偿损失代替主张违约责任。

大胆假设、小心求证，在于必须先得有方案，然后围绕方案找材料，在材料收集过程中，再行检验方案。如果最初的方案有问题，须作出针对性的调整，以此循环往复，最后确定解决问题的最优方案。此时，方案有了，材料也备齐了，案件大体的走向基本上也就胸有成竹了。

12 整理证据的方法

民商事诉讼与仲裁，证据之重要，无须赘言。整理证据材料，乃律师工作核心内容。此中方法，值得探究。

台上一分钟，台下十年功。此前曾说过，赢得诉讼之方法，莫过于在庭前发奋地工作。而此等工作之中，整理证据材料，当又是重中之重。在法律职场摸爬滚打10多年后，我虽没有斐然的业绩，但总有些小心得。这些经验毫无新意，无外乎是些笨功夫、笨办法，但还是要在此一叙。

形象之说法，民商事诉讼是战场，法律是武器，证据乃炮弹，没有炮弹，律师再厉害也是枉然。既然证据如此重要，如何收集、整理，我等必须研究透彻，了然于胸。前文已述，对于收集证据，必须要有竭泽而渔之精神，须得一网打尽。凡是与案件相关的，都应当全面收集，然后予以挑选。有时还得发挥创造性，通过技术与法律手段，另行创造、收集案件证据。此话题内容十分丰富，有机会以后再议，此处且论材料的整理。

整理材料，首先一定要考虑案件的性质，以案由来确定如何整理。客户不是法律专家，提供材料多是胡子眉毛一把抓,哪些材料有用,哪些材料不但无用,甚至可能有害,律师都必须予以甄别。如何甄别?即是以案由(案件性质、法律关系)来区分。如一个案件中,涉及多层法律关系,还得分出层次,予以分出轻重缓急。

举例言之,建设工程施工合同纠纷,案件主要的争议在于工程款、工期与质量,作为承包人代理人,主张工程款时,整理证据必须围绕案由“建设工程施工合同纠纷”展开,收集双方的建设工程施工合同、工程竣工验收报告、工程结算文件等,以便依据《合同法》之规定,主张发包人支付工程价款。而作为发包人的代理人,必须整理与之相关的抗辩证据,来对抗承包人的主张,可以围绕工程款支付的条件,承包人在工期、质量方面是否存在违约等情形,予以反驳对方的主张。

在复杂的民商事案件中,法律关系错综复杂,此时必须先得确定案件性质,以主要的法律关系来确定案由,或者以并列的案由来给案件定性。在此之下,再以法律关系主次,分别整理证据材料。如此而行,才不会偏离案件主旨,才能保证在论证过程中,观点明确,层次清楚。此乃常识,不再赘言。

确保证据材料的有序性,是律师的基本素养。此要求看似简单,但实务中能做好并不容易。有序性,不只是以清单方法,列出一二三四,更重要的还在于,分清楚论证的逻辑顺序。为何第一组证据是这些,而不是那些?为何第一组证据中,还要分出一二三?逻辑,逻辑!霍姆斯大法官说,法律的生命在于经验,而不于逻辑。可本律师却言,证据整理的艺术即在于逻辑,此乃经验之谈。没有逻辑地堆砌材料,都要为此付出代价。

材料的有序性,可以因案件事实不同,而分别处理。举例而论,在涉及同类多起事实的整理时,可以按照时间顺序来罗列。在某案件中,原、被告之间某一段期间发生借贷法律关系 10 起,金额均不相同。此案证据的整理,采用时间顺序排列,而非用金额大小来排序,理由即在于此。有序性的重要性，在于逻辑关系清楚。如果涉案事实有轻重之分，证据按重要性的程度来整理，更具有逻辑性。比如，工程合同纠纷中，既要主张工程款，同时主张对方违约责任，一般情况下，将前者整理于前，后者置于后，更符合逻辑性，也更易于为法官所接受。

逻辑性或曰有序性之中，其中包含的另一个重要的问题，即在于对证据材料的取舍。证据材料并非越多越好，也非越少越好，而应是越精越好。把最重要的证据拿出来，其他证据材料便无足轻重。在许多案件中，最核心的证据，才是案件的命门。因此，得找到关键性的证据材料，然后紧紧抓住它，无关紧要的材料都将被省略，有关而并非紧要的，都是为红花而配的绿叶。法律人的技艺，即在于论证。论证能力不足，永远都是小角色。

以法律关系的性质，来整理证据材料；强调材料的有序性、逻辑性；围绕核心证据展开。以上之论，均是常识。可常识之重要，却常为我等所忽视，故实有再次强调之必要。

如果还要再谈一点，在此要强调的是，对于某类案件复杂、证据繁多的案件，证据材料必须予以装帧成册，打上页码。一句话，装帧不但要做，而且要做得漂亮，哪怕只是看起来漂亮。至于为什么要这样做，做过了以后便能知晓。

13 工程案件证据整理的要点

建设工程施工合同纠纷案件的材料较多，如何整理证据，以便高效处理案件，切不可等闲视之。

一、整理工程案件材料，必须要作证据目录

（一）证据目录宜采用图表法

目录由编号、证据名称、证明目的以及页码组成，以表格形式呈现，形式如下表：

编号	证据名称	证明目的	页码

此表格系我采用多年的模板，特点是最为简洁，少一栏似不可以，多一栏又显多余。就此再发挥一下，简洁是智慧的灵魂，凡事都应当尽可能简洁，而不是尽可能复杂。如果一个问题复杂了，就应该让它变得更为简洁。如何将复杂问题简单化，拆分法不失为好的办法。将大问题化成小问题，复杂问题往往就会变得简单。工程案件再复杂，都可以分解成若干个小问题，然后各个击破。当然，这种方法也不是万

能药，没有可以包治百病的神丹妙药。

（二）证据目录中的材料，一定要有编号

某些案件因为材料太多，争议的问题也多，必要时可以分成第一部分、第二部分等。在每一部分之下，再行给证据分成几组。分组应结合个案情况，根据不同案情需要进行划分。比如，可以将工程招投标文件及施工合同、补充协议作为一组，把合同履行的材料列为一组，将竣工验收材料并为一组。也可以根据案件，将争议的某一类问题，与其相关的证据并为一组。比如，发包人要证明承包人违约，将工期违约与质量违约各分成一组，将损失的证据编为一组等。

每一组证据当中，每一份证据还得要编号。比如，采用1–1、1–2等形式，每一份证据的名称都应予列明，若证据名称相同，如均是工程签证单，则应标注时间，以示区分。

证据应当连续编号，一份证据目录由几部分构成，每一部分的证据，不能重新编排顺序，应当自第一部分的第一组开始，连续按序编号，例如以1–1、1–2……2–1、2–2……的方式编排，否则极易导致混乱。将证据材料整理分类，材料的编排一定要有逻辑性，要突出证明的目的。具体应当如何分类，因案而异，不存在统一的模式。但逻辑性一定要有，要让人一目了然，明白目录编排的内在结构。按时间的顺序来编排，还是按争议问题编排，其中必有考究。此时，思路一定要清晰，作出的材料才会清楚；反之亦然。作出的材料脉络清楚，头脑才算清楚。

（三）编制目录后，材料要装订，同时要编上页码

为了能让承办人更容易查找材料，凡证据材料多的案件，都必须按证据目录顺序装订材料，再给材料编上页码。装订的方式很多，有人习惯于用订书机，有人多会打孔装订。我建议材料多的案件，应当装订成册，以胶装为上。胶装要花成本，费时费力，但办案机构拆起来也不难。胶装的

好处在于材料不易散乱，形式上高端大气上档次，客户也觉得律师用心。

编上页码很重要性，在此必须予以强调，目的是方便查找。材料的易寻性，是工程案件必须要保证的细节。如果不装订材料，不编制页码，开庭时不但自己会手忙脚乱，也会令承办人抓狂。这样做案件，应当受到谴责。

二、再强调一下证据材料的取舍问题

（一）取舍证据材料应围绕案件的争议焦点

任何问题，抓住重点，才是关键。工程案件材料太多，眉毛胡子一把抓，不得要领，万万不可。证据不是越多越好，也不能说越少越好，而是越“精确”越好。如何做到证据的“精确”？笔者认为应以“准”“狠”为要，准就是针对问题的核心，狠就是能够一招致胜。无关紧要的材料必须舍弃，重要的东西才能凸显出来。如果一份证据能证明的问题，绝不要用两份证据材料。如果一组证据能解决，就不要用两组证据。一方面是要突出重点，另一方面是遵循简洁的法则。

（二）证明案件关键性事实的材料，应当做出标识

工程案件涉及的争议点较多，但对案件起决定性的材料毕竟有限。一份内容繁多的资料，有价值的可能只是某一部分，甚至某一段、某一行。为了做到一目了然，建议将涉案关键性的内容，在装订成册后，再用萤光笔做出标识。好处在于方便易找，直接告诉承办人与对方代理人，直接看卷宗某页某部分，如此甚好。方便别人，方便自己。

如何取舍证据，说起来容易，做起来难。必须在实务中不断操练，不要有畏难之心，这也是一个不断试错的过程，执业时间越长，善于总结，就会越有经验。

（三）材料足额备份，一并提交客户留存

整理好的证据材料，应当按要求备份，提前递交办案机构。备份一定

要足够，各方人手一册。材料备份不足，以至于开庭时某一方手上没有，此现象必须杜绝。另外，应当将装订成册的材料，同时提交客户一份。做出的工作成果，应当让客户看见，此乃服务有形化的具体举措。

［实例］

证据清单

案由：A 新材料系统工程股份有限公司（以下简称 A 公司）与 B 房地产开发有限公司（以下简称 B 公司）建设工程施工合同纠纷：

编号	证据名称	证明内容	页码
第一部分：建设工程施工合同关系			
一	某项目 1.1 期玻璃纤维增强水泥外墙彩色 GRC 供应及安装合同（二标段）	A 公司承建 B 公司某项目 1.1 期地块一共 20 幢楼外墙彩色 GRC 工程，双方约定安装完毕并确认后 28 日历天支付至合格工程量的 90%，结算审计完成并确认后 28 日历天付至结算价的 95%，剩余 5% 为质保金，质保期 3 年后付清。	1~72
第二部分：A 公司完成合同义务，工程质量合格			
二	2-1. 质量报验单（四份） 2-2. 花饰制作与安装分项工程质量验收记录（四份） 2-3. GRC 线条隐蔽工程质量验收记录（四份）	2016 年 9 月涉案工程全部安装完工，质量经竣工验收合格。	73~111
第三部分：涉案工程总造价为 14,381,957 元，B 公司拒绝结算			
三	3-1. 结算书（二标段） 3-2. 快递单及签收记录	A 公司核算涉案工程造价为 14,381,957 元。B 公司于 2018 年 3 月 5 日签收该二标段结算书。	112~121
四	合同闭口确认书	双方确认合同无争议的闭口价为 13,427,509 元。	122
五	5-1. 工程变更指令（两份） 5-2. 完工确认单（两份） 5-3. 工程变更指令台账 5-4. 完工确认单	增量部分核算共计为 954,448 元，其中 A 公司按工程变更指令，完成增量工程，工程款为 483,369 元。另 GRC 与其他交界面的收边打胶原为其他单位负责，后变更为 A 公司负责，该部分工程完工且核算价款为 471,078.76 元。	123~138
提交人	A 公司	提交时间	二〇 年 月 日

14 庭审中的法律语言

法律语言学，本是一门高深学问，实务中却少有人关心，但庭审中的语言，又是每个法律人必须直面的问题。

语言作为传递信息的工具，其本身的重要性不言而喻。又因为司法的特殊价值，法律语言实在大有研究之必要。语言与权力，本来就不可分割。比如，公诉人的言论，在法庭上代表国家，其语言本身就是国家权力的象征，因而公诉人在庭上的言论，当慎之又慎。大言之，公诉人语言传递的是国家的司法立场、权威。我也曾参与过公诉工作，其间与多名公诉人同台，后来作为律师，也有过与公诉人同台竞技的机会，明显的感受是，公诉人多义正词严，语言中多有情感，从权力的构架中，可以找到其语言背后权力的影子。

法官在法庭上的言论，也与权力直接相关，国家要赋予法官以权威，以保证司法的权威，进而确立统治的权威，这都是不言自明的道理。相较而言，律师的言论，在法庭上代表当事人，其语言本身不代表权力，但与国家权力也息息相关。西方的法律明文规定，对于在法庭上的言论，律师享有豁免权，理论上从中可以找到与权力关系的影子，只不过是反向关系而已。所以，司法中的语言，其价值都不可小觑，但由于我国司法历史及传统等诸多的原因，当下我们庭审中的语言，多有探究的问题。

从专业角度论，法庭语言中是最大的问题，可能在于法律人“大而化之”的毛病。曾见到某案庭审中，公诉人说法庭上不应谈具体的法条，此论似乎很难成立。笔者现在已不从事刑事辩护，但在民商事案件中，请求权基础的法律方法，即“谁得向谁，依据何种法律规范，主张何种权利”，无不涉及具体的法律规范，也即是法条适用的问题。在成文法的国家，正是因为法律人言必谈法条，才能引导法律人养成“依法办事”的观念，培育出缜密的法律思维。

我国台湾地区民法学泰斗王泽鉴先生，曾谈及其年轻时在德国求学的经历。其参加拉伦茨教授民法学研讨会，有学生报告时说：“甲得依不当得利法则向乙请求返还某车。”当场被教授质问：“请明确言之，依何规定。”学生思考后答：“依德国民法第 816 条。”拉伦茨教授高声谓：“不是某车，而是某车的所有权，请求权基础是德国民法第 816 条第 2 项前段。请说明为何是第 2 项前段，而非后段！”此例足以说明，法律适用的严谨性是何等重要。大而化之的法律语言表达，背后定然是法律人粗放式的法律方法，作为可能要断人生死的法律人，对此不可不慎之又慎。

法庭语言另外的问题，即在于我们法律人普遍的情绪化语言。言之有情，不失为很好的写作方法，但情绪化在法庭中常会导致言论的非理性，甚至出现口不择言，人身攻击的情况。

在庭审语言中，常见的还有逻辑硬伤的问题。法律的逻辑，在于论证的合理性，以及论证方法的科学性。在刑事诉讼中，法律人常会基于立场，而轻视逻辑。在典型的冤假错案中，常能见到证据不足而错判。从逻辑关系上言之，证据不足而下判，必然不符合法律逻辑，证据的归纳不足，适用法律方法之三段论中的小前提，定然会出现纰漏，错案也就在所难免。

在庭审中，法律人强词夺理，言语混乱，当也是逻辑硬伤的明证。另言之，在某些案件中，权力的傲慢与偏见，也是导致法律语言出现问题的原因之一。

以上所论，在于说明法律语言的价值所在，另以实务的角度言及当下庭审语言所存在的问题。就笔者所见，要改进司法庭审中的语言，使之精确化、理性化，尚需时日。这当中，法学方法的科学化，可能是要务之一；另外，以司法公开，来倒逼法律人专业素质的提升，也不失为一种很好的举措。

致　谢

如同刚跑完一场马拉松，身体陷于疲惫之际，心胸却犹如清风拂过，万物静穆，内心澄明。

感谢我的中学语文老师张德存先生，曾悉心培养我对文字的兴趣，鼓励我多读多写，我对写作保持的趣味，都始自于年少时的那份初心；感谢华东政法大学龚小妹、刘丹华两位师长，担任《华政报》学生记者的经历，让我认识到公开写作的价值，明白文字训练的意义；感谢南京师范大学法学院陈爱武教授，作为我硕士研究生导师，曾安排我以“律师职业的思维与技能”为课题，多次赴法学院与年轻人分享交流，这本书的部分内容，正是来自于当年的课件；感谢我身边的同事和朋友，以及网络上诸多陌生的读者，你们每一次的赞许，都像是在给一辆过时的汽车加油，让它继续突突地向前；感谢我工作团队里的年轻律师，帮助我收集整理书稿资料，同时还为我分担工作任务，让我能够忙中偷闲，对文稿进行反复修缮。

当然，若没有正义网胡玉菡姑娘的帮助，没有法律出版社法商分社薛晗社长的支持，没有编辑赵明霞老师近半年来的辛勤付出，本书不可能得以如此顺利付梓。

感谢国浩律师事务所。成为国浩律师，恰是在践行书中的方法论。事实证明，所论不虚。感谢在我加盟国浩前后，曾无私帮助过我的新老同事朋友。我是如此幸运，总是能在人生的紧要隘口，遇见我命中的贵人。

必须说明的是，本书内容多系一家之言，观点是否正确，意见有否中肯，我不敢有足够的信心，文责自负。当然，我愿意秉持诚实之态度，虚心接受各方的批评，也希望法律界朋友不吝赐教。

感谢我的家人。作为一名优秀法学教师，夫人的多年支持，让我坚定了走专业化之路；感谢小女律言带来的希望，期望你快乐健康地成长，尽早明白勤奋的意义。此书一并献给我的父亲，您善良、纯朴、勤劳的品质，成为滋养我一生的财富；愿母亲的在天之灵，赐我以前行的力量。

感谢所有相遇、相知善良的人。

感谢一路有你，陪我继续乐跑。

汪　伦

2020 年 4 月

图书在版编目(CIP)数据

律师之门：青年律师进阶指引 / 汪伦著. -- 北京：法律出版社，2020
ISBN 978-7-5197-4459-5

Ⅰ. ①律… Ⅱ. ①汪… Ⅲ. ①律师业务－中国 Ⅳ. ①D926.5

中国版本图书馆 CIP 数据核字(2020)第 067454 号

律师之门:青年律师进阶指引
LÜSHI ZHIMEN:QINGNIAN LÜSHI JINJIE ZHIYIN

汪 伦 著

策划编辑 赵明霞
责任编辑 赵明霞
装帧设计 鲍龙卉

出版 法律出版社
总发行 中国法律图书有限公司
经销 新华书店
印刷 天津嘉恒印务有限公司
责任印制 胡晓雅

编辑统筹 法商出版分社
开本 710 毫米×1000 毫米 1/16
印张 12.75
字数 200 千
版本 2020 年 6 月第 1 版
印次 2020 年 6 月第 1 次印刷

法律出版社/北京市丰台区莲花池西里 7 号(100073)
网址/www.lawpress.com.cn
投稿邮箱/info@lawpress.com.cn
举报维权邮箱/jbwq@lawpress.com.cn
销售热线/400-660-8393
咨询电话/010-63939796

中国法律图书有限公司/北京市丰台区莲花池西里 7 号(100073)
全国各地中法图分、子公司销售电话：
统一销售客服/400-660-8393/6393
第一法律书店/010-83938432/8433 西安分公司/029-85330678 重庆分公司/023-67453036
上海分公司/021-62071639/1636 深圳分公司/0755-83072995

书号:ISBN 978-7-5197-4459-5 **定价:**68.00 元
(如有缺页或倒装,中国法律图书有限公司负责退换)